稻粱谋

迟道 著

中华工商联合出版社

图书在版编目（CIP）数据

稻粱谋 / 迟道著. -- 北京 : 中华工商联合出版社,
2025. 8. -- ISBN 978-7-5158-4378-0

Ⅰ. B821-49

中国国家版本馆 CIP 数据核字第 20256AY358 号

稻粱谋

作　　者：迟　道
出 品 人：刘　刚
责任编辑：吴建新
装帧设计：天下书装
责任审读：付德华
责任印制：陈德松
出版发行：中华工商联合出版社有限责任公司
印　　刷：三河市众誉天成印务有限公司
版　　次：2025 年9月第 1 版
印　　次：2025 年9月第 1 次印刷
开　　本：710mm × 1000mm　1/16
字　　数：140 千字
印　　张：11
书　　号：ISBN 978-7-5158-4378-0
定　　价：69.80 元

服务热线：010—58301130—0（前台）
销售热线：010—58302977（网店部）
010—58302166（门店部）
010—58302837（馆配部、新媒体部）
010—58302813（团购部）
地址邮编：北京市西城区西环广场 A 座
19—20 层，100044
http://www. chgslcbs.cn
投稿热线：010—58302907（总编室）
投稿邮箱：1621239583@qq.com

前言

“稻粱谋”最开始的含义，就是人为生活而奔波，为吃饱饭而筹划。

然而，它的意义远不止于此。千百年来，“稻粱谋”早已超越了单纯找饭吃的层面，成为一个关乎我们每个人安身立命、追寻前程的深刻话题。无论古今，它要解决的都是人生两大根本问题：第一是生存，即如何养活自己，保障物质生活；第二是发展，即如何提升自我，实现人生价值，获得社会的认可与尊重。可以说，只要我们有渴望、有追求，就无时无刻不在进行着自己不同层次的“稻粱谋”。

那么，究竟该如何“谋”呢？这本书将带您穿越历史的长河，从那些鲜活的人物故事中寻找答案。

让我们看一个例子。您可能听说过“划粥断齑”这个成语，它讲的是北宋思想家范仲淹年轻时刻苦求学的故事。范仲淹小时候家境贫寒，为了读书，他住在一个寺庙里。每天晚上，他都要煮一锅稀粥，等第二天早晨粥凝固后，用刀划成四块，早晚各取两块，再切一些腌菜下饭，

这就是他全天的食物。在这样的艰苦条件下，他所“谋”的，首先是最基本的生存——能吃饱肚子，但他更在“谋”的是一个读书的机会，一个通过知识改变命运、未来可以报效国家的远大前程。他的“谋”，是不怕吃苦的自律，是将所有精力聚焦于长远目标的坚韧。他吃的虽是最简陋的“稻粱”，心中怀揣的却是最宏伟的“青云之志”。

再看一个不同的例子。西汉的开国功臣韩信，他早年穷困潦倒，甚至忍受过市井无赖的“胯下之辱”。他为了生存，曾到处蹭饭，受尽白

眼。此时，他所“谋”的，仅仅是活下去。但他并没有在卑微中沉沦，而是始终相信自己有驰骋疆场的才华。后来他投身军旅，从一个小兵做起，最终成为运筹帷幄、决胜千里的一代战神，被刘邦封为楚王。韩信的“谋”，是在逆境中忍耐，在机会来临前积蓄力量，精准地抓住机遇，将自己的才能最大化，从而实现从谋生到谋业的惊天逆袭。

他们的故事告诉我们，“谋稻粱”是人生的基础课，是脚踏实地的生活。它需要我们有面对现实的勇气、解决问题的智慧和努力拼搏的汗水。

无论是范仲淹的刻苦，还是韩信的隐忍，都是“谋”的智慧在不同境遇下的体现。

人生如果仅仅停留在“谋稻粱”的层面，就容易迷失在柴米油盐之中，失去方向。因此，我们更要“不坠青云之志”。这个“青云志”，可以是为国家为社会做贡献的抱负，可以是追求在某个领域做到极致，也可以是守护内心的一份纯真与善良。它是我们人生的灯塔，让我们在忙于低头捡拾六便士时，不忘时常抬头看看天上的月亮，不让生活的琐碎磨平我们最初的理想和棱角。

范仲淹在艰难谋生时想着“先天下之忧而忧”，韩信在成为将军后依然记得最初的志向，最终成就了一番事业。正是这种“志”，让他们从众多的谋生者中脱颖而出，成为被历史铭记的人。

在当今物质丰裕、生活便利的时代，有人或许会质疑，既然生存压力已相对减轻，为何还要去研读“稻粱谋”？其实，这背后蕴含着更为深远的意义。

如今，虽然基本生活需求都能得到满足，但生活的复杂性与不确定性却与日俱增。职场竞争激烈，行业变革迅速，我们随时可能面临职业转型的挑战；人际关系错综复杂，如何在其中保持自我、建立真诚且有益的连接，是一门高深的学问；精神世界的空虚感也常常如影随形，在快节奏的生活里，我们很容易迷失在碎片化的信息和短暂的娱乐中，找不到内心真正的安宁与满足。

“稻粱谋”绝非仅仅关乎生存的温饱之计，它更是一种对生活全方位的规划与经营。它教会我们在顺境中保持清醒，不因一时的安逸而懈怠，懂得未雨绸缪，为未来的不确定性做好准备；在逆境中，它能赋予我们坚韧不拔的力量，让我们在困境中不抱怨、不放弃，积极寻找突破困境的方法，将挫折转化为成长的阶梯。

它引导我们思考人生的价值与意义，在追求物质的同时，不忘滋养精神世界。让我们明白，真正的成功不仅仅是财富的积累和地位的提升，更是内心的富足与对社会的贡献。

通过研读“稻粱谋”，我们能从古人的智慧中汲取养分，学会在复杂多变的世界中，以更加从容、智慧的姿态去应对生活的种种挑战，实现物质与精神的双重丰收，书写属于自己的精彩人生篇章。

本书通过大量的人物故事，为您生动展现“稻粱谋”的种种智慧与境界。希望您能从中看到，谋生与谋志从来不是对立的，而是可以完美融合的人生双翼。让我们在历史的智慧照耀下，既能踏实走好脚下的每一步，也能勇敢追寻心中的梦想。

目录

上篇　因人而择
——找到属于自己的生存之道

中篇　循势而为
——在变革中寻找发展的机会

第十章　糊涂不傻，大智若愚的生存智慧 / 125

第十一章　圆融一点，戒骄躁，狂妄自大害处多 / 140

第十二章　智者之隐，进退之间的微妙平衡 / 154

上篇　因人而择

——找到属于自己的生存之道

第一章
慧眼识珠，因人而谋

姜尚慧眼识明君，垂钓谋定人生路

◎ 温古知稻粱

姜尚字子牙，东海上人，早年命运多舛，生活贫寒，身份卑微，但胸怀大志，精通兵法、道术及天文地理。起初，这位被尊为“太公望”的智者，空有满腹经纶与济世之才，却无处施展。但他并未就此沉沦，而是心怀壮志，耐心等待时机。他深知明君难遇，于是便以独特的方式来寻觅伯乐。

相传，在商末乱世，他曾在渭水之滨垂钓，看似闲云野鹤，实则心有丘壑。他的钓法奇特，直钩无饵，人们看到他这种奇特的举动，都把他当作痴人来取笑，却不知这位智者是以垂钓为喻，来静待那位能识其才、用其智的明君。这一钓，便是好多个春秋，直到一位名叫姬昌的贤君出现。

姬昌，即后来的周文王，他听闻姜尚之名，知其非池中之物，遂亲自前往渭水求贤。面对这位传说中的智者，姬昌表现出极大的敬意与诚意，一番交谈之下，姜尚以其深邃的思想、精辟的见解，以及对天下大势的精准判断，深深打动了姬昌。两人一见如故，姜尚终于等来了他生命中的伯乐，被拜为太师，从此开始了辅佐周室、图谋天下的征程。姜尚的智慧不仅体现在对时局的精准把握上，更在于他能根据不同的人性特点，制定出最为合适的策略。在辅佐姬昌及其子姬发（周武王）的过程中，他提出了“以德治国”“以民为本”的政治理念，强调内修政事，外结诸侯，逐步削弱了商朝的力量。同时，姜尚精通兵法，指挥了牧野之战等关键战役，以少胜多，展现了卓越的军事才能。尤为重要的是，他深知“攻心为上”的道理，通过一系列外交手段和心理战术，成功离间了商朝内部，为最终的胜利奠定了心理基础。

在姜尚的精心策划与不懈努力下，周室终于推翻了暴虐的商纣王，建立了新的王朝。姜尚因其卓越贡献，被封于齐地，建立了齐国，成为开国元勋。他的治国理念与智慧，不仅使齐国迅速强盛，也为后世留下了宝贵的政治与军事遗产。姜尚的一生，从渭水垂钓的隐士到开国太师，实现了从个人得志到国家兴盛的华丽转身，其人生轨迹成为后世无数士人追求的理想典范。

※ 借古励心志

姜尚怀经世之才，却未逢明主，于渭水之畔以直钩垂钓。看似闲逸之举，实则慧眼独具，以独特方式引得周文王注意，终遇明君，踏上辅周兴邦之路。姜尚的故事，从一定程度上告诉我们，真正的智慧不仅在于知识的积累，更在于对时局的敏锐洞察与对人性的深刻理解。在人生的旅途中，每个人都可能遇到属于自己的“渭水”，关键在于是否能静心沉淀，锤炼本领，以敏锐目光寻觅机遇，谋定而后动。若能如此，便能在人生浪潮中锚定方向，实现理想，收获安稳与富足。

刘邦心怀大志遇张良，贤才遇主共创汉朝

◎ 温古知稻粱

秦朝末年，时局动荡，苛政猛于虎，百姓生活在水深火热之中，各地起义风起云涌，天下陷入前所未有的混乱。

当时，在沛县有一个亭长叫刘邦，他出身贫寒，没有显赫的家世，也没有丰厚的财富。虽然刘邦当时只是一个很小的官员，但他心中始终怀揣着不凡的“稻粱梦”，他想改变自己的人生，想追求更好的生活和更高的社会地位。

刘邦虽然职位低微，但身为官员，他敏锐地看到了秦朝统治下的种种弊病，也预感到这乱世之中潜藏着无数的机遇，也明白，他翻身实现梦想的机会来了。

有一天，刘邦因公务行走到一座桥上，遇见了在桥上散步思考反秦策略的张良。张良本是贵族出身，韩国人。韩国在与秦国的战斗中落败后，张良家族也随之沦落。为此，张良也有一个理想，那就是复国。

刘邦看到张良，心中莫名地产生一种亲切感。他主动上前搭话，两人一聊，竟发现彼此都对秦朝的统治极为不满，并且都有着远大的抱负。张良发现刘邦虽然看似粗豪，但说话间却有一种独特的见识和领导风范。刘邦也被张良的博学多才和深谋远虑所吸引。

谈话间，张良拿出自己珍藏的《太公兵法》，与刘邦探讨其中的谋略。令张良惊讶的是，刘邦虽然没有接受过太多的正统教育，但对兵法却有着独特的见解。刘邦的想法不拘泥于书本，常常能从实际出发，提

出一些新颖而实用的见解。而张良的讲解也让刘邦大开眼界，他从张良身上学到了许多以前从未接触过的战略思想。

随着交往的深入，他们逐渐成为志同道合的伙伴。刘邦深知张良是难得的贤才，对他极为敬重，言听计从。张良也认定刘邦是能够成就大业的明主，决心全力辅佐他。

在反秦的道路上，最初，刘邦的队伍兵力薄弱，物资匮乏。但张良凭借着自己的智慧，为刘邦出谋划策。在攻打峣关时，秦军兵力强大，刘邦有些犹豫。张良分析了秦军的将领情况，建议刘邦采用贿赂和离间的计策。刘邦采纳了张良的建议，成功地使秦军内部产生矛盾，然后乘虚而入，一举攻克峣关。

在楚汉相争时，项羽强大而勇猛，但刘邦在张良的辅佐下，总能巧妙地应对。鸿门宴上，危机四伏。项羽的谋士范增一心想要除掉刘邦。张良提前洞察了危险，他安排刘邦卑辞言和，保存实力，并在宴会上巧妙周旋。当项庄舞剑意在沛公时，张良及时找来樊哙闯帐，保护了刘邦的安全。

后来，张良为刘邦又提出了许多重要的战略建议。例如，他建议刘邦联合韩信、彭越等诸侯共同对抗项羽，形成合围之势。刘邦按照张良的计划行事，逐渐扭转了战局。

最终，刘邦在张良等众多贤才的辅佐下，打败了项羽，建立了汉朝。刘邦成为汉朝的开国皇帝，而张良也因功被封为留侯。

※ 借古励心志

从古及今，“稻粱谋”在人们的内心世界都具有普遍性和重要性，它体现了人们对人生发展的追求和对更好生活的向往。刘邦，原先只是沛县的小亭长，缘何能够成就大业？

原因之一是他慧眼识得张良这样的贤才，并不断地激发出了张良的智慧与谋略，这种激发是对他人的一种谋，也是互相成全的一种策略。

也正是因为这种谋，刘邦才能够在楚汉之争中脱颖而出，取得胜利。刘邦最终建立汉朝，成为开国皇帝，实现了自己的政治抱负。

卫青从骑奴到名将的传奇之路

◎ 温古知稻粱

西汉时期，在平阳侯府内有一个骑奴叫卫青。所谓骑奴，就是侍奉马匹的人，在那个等级制度森严的社会里，是十分卑微的身份，要想改变命运，几乎是不可能的事情。

但是，看似不可能的事情，卫青却一直没有放弃。他怀揣着一个朴素而坚定的梦想——改变贫穷，实现自己人生的“稻粱之梦”。这不仅仅是对温饱的渴望，更是对尊严、对价值的追求，是对自己命运的不屈抗争。

不久之后，汉武帝刘彻出现了，汉朝在他的治理下，国力日盛。为了保护汉朝的疆土及边疆的安宁，他将目光投向了边疆，尤其是那如影随形的匈奴威胁。

而要守护好边疆，就需要有能够与匈奴铁骑一战的人才，为此，汉武帝首先要做的就是寻觅优秀的军事将才。

卫青始终怀揣着功成名就的梦想，一直在学习军事知识、用兵之法等。在汉武帝广纳贤才之际，卫青非凡的军事才能很快就被发现了，并得到了重用。

这一决定在当时可谓是惊世骇俗，许多人都对一个骑奴出身的人能否担当重任表示怀疑。

卫青十分看重汉武帝的赏识，他做足了准备，首次出征就取得了巨大胜利，打破了汉朝与匈奴作战长期以来的僵局，化被动为主动。在此之前，汉朝在与匈奴的战争中往往处于被动防御的状态，而卫青的这次胜利，极大地鼓舞了汉朝军队的士气。

汉武帝看到了卫青的潜力，此后多次让他率领大军抗击匈奴。卫青没有辜负汉武帝的信任，他在战场上屡立战功。

在收复河朔的战役中，他精心策划作战方案，对军队进行合理部署，率领士兵们穿越茫茫草原，克服重重困难，成功地收复了河朔地区。这一地区的收复，不仅扩大了汉朝的疆域，更重要的是，它为汉朝在北方边境建立了一个重要的战略据点。

在奇袭高阙之战中，他巧妙地利用地形和匈奴军队的防守漏洞，以迅雷不及掩耳之势发起攻击。匈奴军队在毫无防备的情况下被打得措手不及，四处逃窜。

最终，卫青以他的勇气和智慧，在战场上屡建奇功，从一名骑奴成长为名震天下的名将，实现了自己人生的“稻粱之梦”，不仅改变了自己的命运，更成为汉朝历史上的一段传奇。

※ 借古励心志

卫青出身低微，曾为骑奴，命运似乎被阴霾笼罩。但汉武帝独具慧眼，赏识其才能，让他拥有了改变人生的契机。卫青凭借自身勇毅与军事天赋，于战场上纵横驰骋，屡立战功。由此，他从一个身份卑微的骑奴转变为威震四海的名将，不仅实现了命运的逆袭，更在历史长河中留下浓墨重彩的一笔，也达成了谋求生存、成就功业的“稻粱谋”。

刘备三顾茅庐，慧眼识才成大业

◎ 温古知稻粱

刘备“三顾茅庐”是我们耳熟能详的一个经典故事，那么，刘备为什么要“三顾茅庐”呢？

其实，刘备早有兴复汉室的远大志向，但当时的他却一直四处漂泊，寄人篱下，所以，志向只能成为志向，要实现，看似很难。

刘备知道，有志向是远远不够的，要从实际出发，他还需要一个能够统筹全局、为他规划战略蓝图的智囊人物。

就在刘备迷茫无从下手之际，诸葛亮出现了。诸葛亮常年隐居于隆中，但却胸怀天下，通晓天下事，有着经天纬地的才能，特别是对天下大势有着深刻的洞察。因为声名远播，刘备知道了此人，确定诸葛亮就是他要找的人。

随后，不惜三次亲自前往拜访，这便是“三顾茅庐”的典故。现在看来，刘备的三次前往，不仅仅是简单的拜访，更是刘备展现其诚意与决心的过程。据记载，当时的刘备已经是一方诸侯，身份尊贵，但他却能放下身段，在诸葛亮面前表现出求贤若渴的态度。这种诚意，在那个重视礼仪和名分的时代是极为难得的。

三顾茅庐的意义是什么呢？

首先，人才的获得。诸葛亮的加入，为刘备带来了全新的战略思路。他为刘备分析了天下三分的大势，提出了著名的“隆中对”。为刘备确定了目标，指明了发展的方向。让刘备从此不再盲目地四处征战，而是有计划地先取荆州为立足之地，再图益州，进而与魏、吴形成三足鼎立之势。

其次，三顾茅庐在刘备阵营内部起到了凝聚人心的作用。刘备如此重视诸葛亮这样一个年轻的谋士，让手下的将领和士兵们看到了刘备对人才的尊重。这就如同在团队中树立了一个标杆，告诉大家只要有才能，就会得到重用。例如关羽和张飞，一开始对刘备如此礼遇诸葛亮还有些不满，但随着诸葛亮展现出卓越的军事才能后，他们也对诸葛亮心悦诚服，整个团队更加团结一心，朝着共同的目标努力。

最后，从舆论影响方面来看，三顾茅庐为刘备赢得了良好的声誉。在那个信息传播相对缓慢但口碑极为重要的时代，刘备的求贤之举被传为佳话。许多有识之士听闻此事后，对刘备心生敬佩，认为他是一个值得追随的明主。这就吸引了更多的人才来投靠刘备，如庞统等后来的谋士，他们的加入进一步充实了刘备的智囊团和人才队伍。

从更长远的角度看，诸葛亮的辅佐贯穿了刘备成就大业的整个过程。无论是赤壁之战中联合东吴大破曹操，还是后来治理蜀国，诸葛亮都发挥了不可替代的作用。他用自己的智慧和忠诚，将刘备的理想一步步变为现实。如果没有三顾茅庐，刘备或许很难在乱世中脱颖而出，更难以建立蜀汉政权。

刘备以他的慧眼和诚意，三顾茅庐请出了这位隐世高人。诸葛亮的出山，为刘备的人生注入了新的活力，也为他的“稻粱梦”铺设了一条辉煌之路。在诸葛亮的辅佐下，刘备如鱼得水，如虎添翼，最终成就了一番伟业，让世人见证了什么是真正的英雄与智者的完美结合。

※ 借古励心志

刘备三顾茅庐不仅是求贤若渴的佳话，更是乱世生存的“稻粱谋”。彼时刘备虽有关张之勇，却困守新野小县，既无战略纵深，又缺政治资源。诸葛亮作为荆州士族代言人，其背后是江汉平原的粮仓、荆襄世家的支持与隆中对的战略蓝图。刘备以三顾之诚，实则是以政治姿态换取士族集团的粮饷支持与战略智囊。当诸葛亮献上“跨有荆益”之策，不仅解决了刘备集团的生存危机，更将流寇式的武装升级为具备国家雏形的政治实体。这种以人才换资源的谋略，使得刘备集团完成了从草莽武装到政权组织的质变，最终在益州建立起与曹魏、东吴鼎立的蜀汉政权。

管仲认定齐桓公，因人设谋霸业成

◎ 温古知稻粱

齐桓公，即齐国的公子小白，在与公子纠争夺君位的过程中脱颖而出。那时的他，心怀壮志，一心想将齐国打造成春秋时期的强国。

管仲，他本是公子纠的谋士，在公子纠与公子小白争夺君位的斗争中，管仲曾箭射公子小白，如果换成其他人，公子小白成为齐桓公后，可能会将管仲问罪。

那时候，齐桓公一直将齐国打造成春秋时期的强国为目标，日夜操劳。有一次，他听说曾经箭射自己的管仲很有才能，齐桓公知道若能得管仲相助，必能成就大业。于是，他摒弃前嫌，听从了鲍叔牙的建议，决定重用管仲。

管仲听闻齐桓公要重用自己，倍感意外，同时更多的是感激涕零，并由此认定，齐桓公是一位值得追随的君子，于是，决定忠诚效力于齐桓公。

来到齐桓公身边后，首先，对齐桓公做了更深入的了解，他针对齐桓公的性格特点、齐国的地理位置、经济基础以及当时的国际形势，制定了一系列精心的谋略。

管仲在与齐桓公聊天的过程中得知齐桓公渴望集权又需要平衡各方势力。于是他设立了一套完善的官僚体系，将齐国分为不同的行政区划，每个区域设置相应的官员进行管理。

同时，他提出“尊王攘夷”的政治谋略。因为齐桓公是一位有抱负的君主，渴望在诸侯中树立威望。管仲建议齐桓公尊重周王室，以周天子的名义来讨伐那些不遵守周礼的诸侯。这一谋略既满足了齐桓公的威望需求，又巧妙地利用了周王室的剩余影响力，让齐国在诸侯中树立了正义的形象。例如，在北方少数民族入侵中原时，齐国以“攘夷”为名，出兵抵御，赢得了中原诸侯的尊敬和拥护。

对于齐桓公这位想要建立霸业的君主来说，强大的经济实力是必不可少的。于是，管仲针对齐国沿海且土地肥沃的特点，他大力发展渔业和盐业，将这两项产业收归国有，通过国家的统一管理和运营，增加了财政收入。同时，他鼓励百姓开垦荒地，发展农业。他还设立了专门的市场管理机构，根据市场供需关系来调节物价。管仲的这些经济谋略，使得齐国的经济迅速繁荣起来，为齐国的霸业奠定了坚实的物质基础。

在军事方面，管仲实行兵民合一的政策。将齐国的百姓按照居住区域进行编制，平时为民，战时为兵。这样既保证了充足的兵源，又不会给百姓造成过重的负担。而且，管仲还注重军事训练和军事装备的提升。他根据齐国士兵的特点，制定了适合的战术训练方法。通过这些因人设谋的军事举措，齐国的军队战斗力迅速提升，成为诸侯中一支强大的军事力量。

在用人方面，管仲向齐桓公举荐了许多有才能的人，例如，他举荐了隰朋为大行，负责外交事务，因为隰朋能言善辩且熟悉各国礼仪；举荐宁戚为大司田，负责农业事务，因为宁戚出身农家，对农业生产有着丰富的经验。

在管仲这些因人设谋的策略推动下，齐桓公积极配合实施，经过多年的努力，齐国在政治、经济、军事等各方面都取得了巨大的成就。齐国的国力日益强盛，成为春秋时期的第一个霸主。

※ 借古励心志

管仲凭借对齐桓公的了解以及对齐国实际情况的精准把握，制定了一系列符合齐桓公需求和齐国国情的谋略，得到了齐桓公的认可乃至信任，个人发展一路飙升。他们的合作不仅体现了智慧与谋略的力量，更展示了君臣之间相互信任、相互配合对于成就伟大事业的重要性，是双方“稻粱谋”的典范。

晏婴识人善任，因才施用兴齐国

◎ 温古知稻粱

在春秋时期的齐国，晏婴以其卓越的智慧和非凡的识人用人之能，为齐国的兴盛立下了不可磨灭的功劳，也彰显出了他自己的“稻粱谋”。

晏婴，当时身为齐国上大夫，负有内辅国政，屡谏齐国君主之责。有一次，晏婴外出游历，途中听闻有一位名叫越石父的贤士，因家境贫寒沦为奴仆。

晏婴见到他时，被他不凡的气质和谈吐所吸引。晏婴当即决定用自己的马车赎出越石父，并将他带回齐国。然而，在回齐国的路上，越石父觉得晏婴对他并未以礼相待，只是把他当作一个被救赎的对象，而没有尊重他作为一个贤士的身份。晏婴听闻后，恍然大悟，他亲自向越石父道歉，并以隆重的礼节相待。越石父被晏婴的真诚所打动，从此成为晏婴的得力助手。

有一次，在齐国的朝堂之上，当时齐国面临外敌入侵，急需一位能统领军队、抵御外敌的将领。在探讨之际，晏婴向齐景公举荐了田穰苴，因为他知道田穰苴虽然出身低微，但精通兵法，有勇有谋。

齐景公听了晏婴的建议后，刚开始，对田穰苴的出身有所疑虑，怀疑他不能担此大任。晏婴看出了君主的顾虑，说道："君上，人才不问出身，田穰苴虽非贵族，但他对军事的见解远超常人。臣观其排兵布阵、管理士卒的能力，定能为齐国击退敌军。"齐景公最终听从了晏婴的建议。

田穰苴被任命为将军后，知道自己出身低微难以服众，晏婴建议他在出征前与士兵同甘共苦，严格执行军纪。对此，他规定了详细的行军作战纪律，对于违反者不论亲疏一律严惩。同时，他十分关心士兵的生活，亲自查看士兵的饮食起居。

在战场上，田穰苴凭借卓越的军事指挥才能，率领齐军大败敌军。齐国的边境因此得以安宁，田穰苴也因这场胜利而声名远扬。

在文治方面，晏婴也发现并重用了一些优秀的人才，为齐国的发展起到了重要作用。有一次，他在民间发现了一位名叫弦章的人，弦章为人正直，对治国理政有着独到的见解，于是，晏婴将弦章举荐到朝堂之上。

弦章入朝后，针对齐国当时的吏治、经济等问题提出了许多建设性的意见。他主张减轻百姓的赋税负担，加强对官员的考核监督。齐景公起初对弦章的一些建议并不以为然，但晏婴在一旁不断地提醒齐景公要重视弦章的意见。他对齐景公说："君上，弦章之言虽逆耳，却是为齐国的长远发展着想，能直言之人乃是齐国之福。"

在晏婴的影响下，齐景公逐渐开始重视弦章的建议。齐国的吏治变得清明起来，官员们不敢再肆意贪污腐败，百姓的生活也逐渐改善。齐国的经济开始复苏，商业繁荣，农业丰收。

晏婴在齐国的多年间，不断地挖掘人才、举荐人才、因才施用。他不被门第出身所束缚，只看重人的才能和品德。他的这种用人理念，使得齐国朝堂之上人才济济。无论是军事上的防御外敌，还是文治上的治理内政，都有合适的人才发挥作用。

※ 借古励心志

晏婴的识人善任、因才施用，开启了齐国兴盛的大门。他以自己的智慧和胸怀，为齐国在春秋乱世中赢得了一席之地，使得齐国在政治、军事、经济、外交等各个方面都蓬勃发展，成为当时的强国之一。从晏婴个人发展的角度来讲，他每一次的识人善用，都成为自己丰厚的人脉资源，为自身发展奠定了坚实基础。

乐毅连横施妙策，识才善用攻齐扬威名

◎ 温古知稻粱

在战国时期，齐滑王四处征战，扩充领土，并入侵了燕国，给燕国带来了巨大的灾难，燕国在燕昭王的励精图治下，一心想要复仇。同时，齐国势力的扩张引起了其他诸侯国的担忧。

乐毅本是魏国名将乐羊之后，他自幼熟读兵书，胸怀大志，且富有谋略。他敏锐地察觉到了诸侯间的这种微妙局势，他深知燕国若要攻打齐国，仅凭燕国一国之力难以成功。于是，他提出了连横之策。

随后，乐毅凭借过人的口才和对局势的深刻洞察，奔走于各国之间，成功说服了赵国、韩国、魏国等国与燕国联合对抗齐国。

在组建联军的过程中，他会根据各国将领的特点安排合适的任务。例如，赵国的将领勇猛善战，他便安排其率领先锋部队，负责在战场上冲锋陷阵，撕开齐国的防线。韩国的将领擅长奇袭战术，乐毅就给他安排了突袭齐国后方粮草辎重的任务。而魏国的将领对地形颇为熟悉，乐毅就让他负责侦察和带路，确保联军行军路线的安全。

一切准备就绪后，乐毅率领着燕、赵、韩、魏等国的联军浩浩荡荡地向齐国进发。齐国虽强大，但面对联军的突然来袭，也有些措手不及。

乐毅首先指挥联军与齐军主力在济水之西展开决战。他运用灵活的战术，根据战场上的形势及时调整兵力部署。当他发现齐军左翼出现薄弱环节时，果断地命令联军中的精锐部队从左翼突破。齐军在联军的猛烈攻击下，渐渐抵挡不住，开始溃败。

济水之战的胜利，大大鼓舞了联军的士气。而乐毅深知，齐国地大物博，城池众多，如果不能一鼓作气，齐国很可能会组织起有效的抵抗。于是，他率领联军乘胜追击，迅速向齐国腹地进军。

在攻打齐国城池的过程中，他手下有一位谋士，对攻城战术颇有研究，乐毅便虚心听取他的建议。对于那些地势险要、防守坚固的城池，乐毅采用长期围困的策略，断绝城中的粮草供应；而对于一些防守相对薄弱的城池，他则组织敢死队进行强攻。

乐毅率领联军一路势如破竹，短短几年间，就攻占了齐国七十多座城池。齐国只剩下莒和即墨两座孤城还在苦苦坚守。乐毅的威名也随着这场战争传遍了各地。他的连横策略，使燕国等弱小国家能够联合起来对抗强大的齐国；他的识才善用，让联军中的每一位将领和谋士都能发挥出自己的最大价值。

乐毅一生智谋超群，在成就事业与个人发展上大放异彩。他深谙连横之策，联合多国共同伐齐，以弱胜强，连下齐国七十余城，威震诸侯，扬名天下。在军事行动中，他识才善用，充分发挥部下才能，凝聚团队力量。这一系列辉煌成就，不仅让乐毅在战国舞台上留下浓墨重彩的一笔，实现了个人抱负与价值的极大提升，而且也为燕国开疆拓土、增强了国力。

※ 借古励心志

乐毅伐齐的辉煌背后，是纵横家深谙乱世生存法则的“稻粱谋”。面对强齐霸业，他清醒认识到个体力量在战国棋局中的渺小，遂以“连横”为刃，将燕赵利益编织成多国同盟的利益网。这种资源整合能力，既化解了燕国独木难支的危机，更将自身擢升为国际盟军统帅。其用兵之道尤见精妙，既发挥诸将所长，又在战功分配中维系联盟平衡。这种利益共享的智慧，使其在五年间连下七十余城而未遭猜忌。

曹操唯才是举，因人用谋定天下

◎ 温古知稻粱

东汉末年，天下纷争不断，各路诸侯逐鹿中原，都渴望在这乱世中成就一番霸业。曹操，这位胸怀大志的枭雄，深知人才是实现自己抱负的关键。

郭嘉，一个出身平凡的青年才俊，本是一个在袁绍帐下不得志的谋士。袁绍虽然势力庞大，但他好谋无断，郭嘉的才华在袁绍那里得不到施展。曹操听闻郭嘉的才名后，决定亲自召见郭嘉。

在曹操的营帐中，曹操率谈及当下的天下大势，诸侯割据，汉室衰微，自己有心拨乱反正，却面临重重困难。待曹操说完，郭嘉说道，袁绍虽然势力庞大，兵多将广，但袁绍为人优柔寡断，好谋无决，其内部势力错综复杂，看似强大实则外强中干。

曹操听到这里，心中暗暗称奇，他示意郭嘉继续说下去。郭嘉接着谈到军事战略，他认为在面对袁绍这样的强敌时，不能急于求成，要先稳固自己的后方，发展经济，扩充军备。同时，要善于利用袁绍阵营中的矛盾，分化瓦解他们。

随后，郭嘉从道、义、治、度、谋、德、仁、明、文、武十个方面详细分析了曹操相对于袁绍的优势。他说曹操在道义上，奉天子以令不臣，这是顺应天命之举，而袁绍则是逆时而动；在治理上，曹操法令严明，赏罚有度，袁绍却政令不明；在度量上，曹操用人唯才，袁绍则任人唯亲；在谋略上，曹操随机应变，袁绍则墨守成规……

这一番剖析，曹操听完，不禁拍案叫绝，他当即决定要重用郭嘉。

官渡之战前夕，曹操的军队虽然经过一段时间的发展，但与袁绍的大军相比，仍然显得兵力悬殊。曹操心中难免有些担忧，毕竟袁绍的实力不容小觑。此时，郭嘉再次站了出来。他冷静地分析了局势，告诉曹操，袁绍虽然兵多，但他的军队存在很多问题，比如将领之间争权夺利，士兵们虽然数量众多但缺乏训练和凝聚力。而曹操的军队则是精锐之师，上下一心。

在战争进行过程中，郭嘉的奇谋妙计不断涌现。他建议曹操采用声东击西的战术，先佯装攻打袁绍的一处营地，吸引袁绍的主力部队，然后再突然转向攻击袁绍的薄弱环节。曹操依计而行，成功地打乱了袁绍的部署。

在粮草供应方面，郭嘉也提出了独到的见解。他深知粮草对于战争的重要性，建议曹操一方面要保护好自己的粮草运输线，另一方面要寻找机会破坏袁绍的粮草供应。当曹操得知袁绍的粮草囤积在乌巢时，郭嘉力主曹操果断出击。曹操亲率精锐部队，火烧乌巢，这一举措彻底扭转了官渡之战的战局。

在曹操与袁绍对峙的漫长日子里，郭嘉始终陪伴在曹操身边，曹操对郭嘉也是极为信任。郭嘉的每一个建议，曹操都会认真思考并付诸实践。

※ 借古励心志

曹操深谙人才对于成就霸业的重要性，秉持唯才是举的理念，广纳贤才。郭嘉便是其中杰出代表。在军事上，郭嘉足智多谋，为曹操出奇制胜，官渡之战等关键战役的胜利都离不开他的谋划。同时，他深知粮草对于战争的重要性，协助曹操保障粮草供应稳定。曹操在郭嘉等贤才助力下，实现军事胜利与粮草保障，完成了“稻粱谋”，稳固了势力。从管理的角度讲，这便是领导人的智谋。尤其是在当下竞争激烈的环境中，重视人才且善于运用人才的智慧是一个人成就大业的重要因素。

第二章
因人制宜，灵活应变

晏子使楚，机智应对，化解危机

◎ 温古知稻梁

春秋时期，有一次，齐国大夫晏子奉命出使楚国。晏子来到楚国城墙下，楚国却在城门旁边开了一个五尺来高的洞，让晏子从这个洞进城。显然，这是楚国对晏子和齐国的一种侮辱，把晏子当作前来乞食的人，而不是一个平等的使者。

晏子站在洞前，不卑不亢地说：“这是个狗洞，不是城门。只有访问‘狗国’，才从狗洞进去。我在这儿等一会儿。你们先去问个明白，楚国到底是个什么样的国家？”

楚王听闻后，只

好吩咐打开城门，迎接晏子进城。

晏子机智的回击，将难题巧妙地抛回给了楚国，让楚国陷入了两难的境地，如果让晏子从狗洞进，那就等于承认楚国是狗国；如果打开城门，那就是尊重晏子，承认齐国使者的身份。

进城之后，楚王见到晏子，故意装作很惊讶的样子说：“难道齐国没有人了吗？”

晏子回答道：“齐国首都临淄住满了人。人们把袖子举起来，就是一片云；甩一把汗，就是一阵雨；街上行人肩膀擦着肩膀，脚尖碰着脚跟。大王怎么说齐国没有人呢？”

楚王接着问：“既然有这么多人，为什么让你来呢？”

晏子回答说：“我们齐国派遣使臣，各有各的出使对象。贤明的人就派遣他出使贤明的国家，无能的人就派遣他出使无能的国家。我是最无能的人，所以就只好出使楚国了。”

晏子这一番话，表面上是在贬低自己，实际上却是在暗讽楚国是无能的国家。他巧妙地利用楚王的问题，以一种幽默诙谐的方式进行反击，让楚王有苦说不出。

在宴会上，楚王又安排了一个小把戏。两个武士押着一个囚犯从堂下走过，楚王故意问：“那个囚犯犯的什么罪？他是哪里人？”

武士回答说：“犯了盗窃罪，是齐国人。”

楚王看着晏子说：“齐国人怎么这样没出息，干这种事？”

楚王企图通过这样一个精心安排的场景来抹黑齐国，让晏子难堪。晏子却镇定自若地站起来回答：“大王怎么不知道啊？淮南的柑橘，又大又甜。可是橘树一种到淮北，就只能结又小又苦的枳，还不是因为水土不同吗？同样道理，齐国人在齐国安居乐业，好好地劳动，一到楚国，就做起盗贼来了，也许是楚国的水土使人容易做盗贼吧！”

晏子以橘枳的生长变化为喻，说明环境对人的影响，暗示楚国的社会风气不好才导致齐国人在这里变成盗贼，既维护了齐国的尊严，又有力地回击了楚王的挑衅。

晏子使楚的故事，充分展现了他的机智聪慧。在面对楚国君臣的故意刁难和侮辱时，他没有丝毫的慌乱，灵活应变，凭借他敏锐的思维、犀利的言辞和巧妙的比喻，一次次化解危机，维护了齐国的尊严。

※ **借古励心志**

晏子使楚时，楚人故意开小洞让他钻，意在羞辱他。从“稻粱谋”角度看，这不仅是个人尊严之争，更关乎其能否顺利完成使命、保障自身及国家利益。晏子机智回应“使狗国者，从狗门入”，巧妙化解危机，让楚人自取其辱。此番应对，彰显出了其智慧与胆识以及在交际方面的“稻粱谋”，出色地完成外交任务。

蔺相如完璧归赵，智勇双全，保护国家利益

◎ 温古知稻粱

战国时期，诸侯纷争，各国之间为了争夺土地、人口和财富，时常展开激烈的外交与军事博弈。

当时，赵国得到了一件宝物叫“和氏璧”，它温润洁白，精美绝伦，在诸侯各国中被传为稀世珍宝。秦国的国君秦昭王听闻赵国拥有和氏璧后，便心生觊觎，想要据为己有。于是，秦昭王派人送信给赵王，表示愿意用十五座城来交换和氏璧。

赵王接到信后，陷入了两难的境地。他深知秦国的强大，担心如果不答应交换，秦国就会以此为借口出兵攻打赵国；但如果答应了，又怕秦国只是空口说白话，骗取和氏璧而根本不会真的割让城池。赵王召集大臣们商议此事，大臣们也都面面相觑，苦无良策。

不知如何之际，蔺相如站了出来对赵王说：“大王，我愿意带着和氏璧前往秦国。如果秦国真如信中所说拿十五座城交换，我就把和氏璧留在秦国；如果秦国不给城，我一定把和氏璧完好无损地带回赵国。”

蔺相如本是赵国宦官缪贤的门客，他虽然出身低微，但却胆识过人，有勇有谋。

赵王见蔺相如如此坚定，便同意了他的请求。

随后，蔺相如带着和氏璧来到了秦国。秦王得知蔺相如带着和氏璧来了，非常高兴，在章台宫接见了他。

蔺相如将和氏璧献给秦王，秦王仔细端详着和氏璧，爱不释手，自己看完后又传给身边的美人和大臣们观看，却绝口不提十五座城的事情。

蔺相如看出秦王并无诚意用城换璧，于是心生一计。他走上前对秦王说：“大王，这块和氏璧有一点小瑕疵，让我指给您看。”秦王便把和氏璧交给了蔺相如。

蔺相如拿到和氏璧后，往后退了几步，靠在柱子上，怒发冲冠地说：“大王信中所说愿意拿十五座城池换和氏璧，如今我带来了和氏璧，可大王却根本没有诚意用城换璧，现在璧在我手中，如果大王一定要逼迫我，我的脑袋就和这块璧一起撞碎在这柱子上！”说着，蔺相如举起和氏璧，做出要往柱子上撞的姿势。

秦王大惊，怕蔺相如真的把和氏璧撞碎，连忙道歉，并让人拿出地图，指出要割让的十五座城。

蔺相如知道秦王只是在敷衍，他说：“和氏璧是天下公认的宝物，赵王送璧之前，斋戒了五天。大王也应该斋戒五天，并在朝堂上举行隆重的接收仪式，我才敢献上和氏璧。”秦王无奈，只好答应。

蔺相如回到住处后，深知秦王不会轻易履行承诺，便让随从乔装打扮，带着和氏璧从小路偷偷返回赵国。五天后，秦王斋戒完毕，举行仪式，却发现蔺相如两手空空。蔺相如坦然地说：“秦国自穆公以来，二十多位国君，没有一个是坚守信用的。我怕被大王欺骗，已经把和氏璧送回赵国了。大王如果真的想要和氏璧，就先割让十五座城给赵国，赵国一定会把璧送来。不然的话，大王您杀了我也没有用。”

秦王听了，虽然十分恼怒，但又觉得蔺相如说得有理，而且杀了蔺相如也得不到和氏璧，反而会破坏秦赵两国的关系，只好放蔺相如回国。后蔺相如被赵王封为上大夫。

※ 借古励心志

当赵国君臣困守和氏璧引发的战略困局时，这位门客出身的寒士手捧和氏璧入秦国，既是一次用性命押注完璧归赵的豪赌，也是一次将个人才智转化为国家信用的惊险一跃。五步溅血的胁迫艺术，既是对秦王贪欲的精准预判，更是对“匹夫之怒可抵万乘之威”政治规则的深刻理解。这场博弈中，蔺相如回到赵国后被封为上大夫之位，实现了阶层跃迁，同时证明了敢为天下先的冒险精神，恰是寒门士子突破身份桎梏的终极“稻粱谋”。

孙膑围魏救赵，灵活应变，以奇制胜

◎ 温古知稻粱

战国时期，魏国实力强大，其君主魏惠王妄图称霸中原。赵国为了扩张自己的势力范围，攻打了魏国的附属国卫国。这一举动激怒了魏国，于是魏惠王派遣大将庞涓率领大军进攻赵国。庞涓率领的魏军兵强马壮，一路势如破竹，很快就包围了赵国的都城邯郸。赵国危在旦夕之际，向齐国求救。

齐国国君齐威王接到赵国的求救信后，决定出兵援助。他任命田忌为大将，孙膑为军师。

孙膑本是孙武的后代，他才高八斗，智谋过人，只可惜被庞涓陷害，遭受膑刑，双腿残疾。但他并没有因此消沉，凭借着顽强的意志和卓越的军事才能，在齐国找到了施展才华的舞台。

田忌接到命令后，本想直接率领大军前往邯郸，与魏军正面交锋，解救赵国。但孙膑却提出了不同的看法。他分析道："如今庞涓率领魏军精锐围攻邯郸，他们的主力都集中在赵国，如果我们直接去邯郸解围，魏军必定会拼死抵抗，而且我们长途跋涉，士兵疲惫，这样硬拼的话，未必能占上风。"

田忌疑惑地问："那依军师之见，该如何是好？"

孙膑微微一笑，说："我们不如避实就虚，魏军精锐在外，国内必然空虚。我们可以直接攻打魏国的都城大梁，庞涓必定会回师救援。这样一来，我们既可以解邯郸之围，又能在魏军回师的途中设下埋伏，以逸待劳，打败魏军。"

田忌听了孙膑的计策，不禁拍手称赞。于是，齐国大军浩浩荡荡地向魏国大梁进发。庞涓正在邯郸城外指挥攻城，突然听到齐军攻打大梁的消息，大惊失色。他深知大梁一旦失守，魏国将陷入巨大的危机。虽然邯郸城已经唾手可得，但他不得不放弃眼前的战果，急忙率领魏军回师救援。

魏军由于长途跋涉，人困马乏，而且在回师途中，士兵们心中都牵挂着家中的安危，士气低落。而孙膑早已在魏军回师路线的桂陵设下了埋伏。当魏军进入桂陵的埋伏圈时，齐军突然杀出，魏军顿时阵脚大乱。庞涓虽然奋力抵抗，但终究难以抵挡齐军的猛烈攻击。魏军被打得大败，庞涓也险些丧命。

孙膑围魏救赵的计策，成功地化解了赵国的危机，同时也削弱了魏国的实力。这一计策的精妙之处在于它的灵活性和创新性。孙膑没有按照常规的思维方式，直接与魏军正面交锋，而是深入分析敌我双方的形势，抓住魏军主力在外、国内空虚的弱点，采用迂回战术，攻打魏国都城，迫使庞涓回师救援。这种避实就虚、以奇制胜的策略，充分体现了孙膑高超的军事智慧。

※ 借古励心志

“围魏救赵”是一种以智取而非决战的策略思维，是当下社会弱者破局的“稻粱谋”，它强调精准识别问题的本质、灵活应对策略和利用间接手段实现目标。在当今社会，这种思维方式可以帮助我们更好地处理复杂问题，避免陷入传统思维模式的束缚，从而更高效地达成目标，助力个人更好更快的发展。

曹操用人不拘格，因人设策展宏图

◎ 温古知稻粱

在三国那个英雄辈出且战火纷飞的时代，有一位大将叫张辽，他曾经是效命于吕布的英勇部将，在吕布战败之后，成为了曹操的俘虏。

毕竟在那个胜者为王、败者为寇的乱世，成了俘虏往往意味着厄运降临。所以，张辽觉得自己的生命即将走到尽头。

然而，让张辽意想不到的是，在曹操见到自己后，竟然亲自为他解开了绳索，并夸赞了他的英勇事迹，以一种包容和接纳的姿态将他纳入自己的阵营。

张辽对此十分感激，所以在曹操的麾下，他犹如鱼入大海，将自己的才智充分展现了出来。在“合肥之战”中，当时，孙权率领着十万大军气势汹汹地压境而来，这十万大军犹如一片乌云，笼罩在合肥城之上，给曹军带来了巨大的压力。

然而，张辽并没有被这悬殊的兵力差距所吓倒，他率领着仅仅八百将士视死如归，决定直插东吴的十万大军之中，直逼孙权主帅旗下，以解危机。张辽身先士卒，在敌军阵中横冲直撞，他的英勇和果敢让东吴的士兵们大为惊恐。这八百将士在张辽的带领下，如入无人之境，一时间，东吴十万大军阵脚大乱。孙权在看到张辽如此勇猛的冲击时，心中也不免产生了畏惧。经此一战，张辽威震江东，成为令东吴士兵闻风丧胆的名将。

曹操不仅会用人，而且最为重要的是能够将人用到对的地方。例如智谋超群且心怀汉室的谋士荀彧。在曹操迎汉献帝到许都这一至关重要的决策上，荀彧的建议起到了关键的作用。这一决策让曹操瞬间获得了政治上的巨大优势，他得以挟天子以令诸侯，在诸侯纷争的局面中占据了道德和政治的高地。曹操对荀彧极为敬重，他深知荀彧这样的人才需要给予足够的空间和地位才能发挥出最大的价值。于是，曹操让荀彧负责后方的政务和粮草供应等重要事务。荀彧在后方精心治理，为曹操的前线征战提供了坚实的后勤保障，确保了曹操的军队能够毫无后顾之忧地在战场上奋勇杀敌。

再比如曾经为袁绍写檄文大骂曹操的陈琳。那篇檄文用词犀利，将曹操的祖宗三代都数落了一番。然而，当曹操打败袁绍之后，面对这个曾经对自己大肆辱骂的陈琳，曹操并没有被愤怒冲昏头脑而处死他。相反，曹操展现出了对人才的极度渴望和对文采的欣赏。在陈琳的檄文中，曹操看出了他非凡的文采，曹操认为，这样的人才如果能够为自己所用，将会对自己的事业大有裨益。于是，曹操不计前嫌，将陈琳收为己用。

正是因为曹操这种用人不拘一格，因人设策的用人之道，他的麾下如同磁石吸引铁屑一般，汇聚了来自不同阶层、拥有不同才能的众多人才。这些人才在曹操的宏图伟业中各司其职，发挥着不可或缺的作用。在军事上，像张辽这样的将领冲锋陷阵，为曹操开疆拓土；在政治上，荀彧等谋士精心谋划，为曹操稳固统治根基；在文化上，陈琳等文人墨客的存在也为曹操的势力增添了文化的底蕴。曹操凭借着这些人才的力量，为他展宏图、建立庞大势力奠定了坚实的基础。

※ 借古励心志

真正的聪明人眼里没有永恒的敌人，只有待开发的资源。就像打游戏时发现野怪能驯化成坐骑，职场上死对头或许藏着能助你破局的关键技能。曹操用人不拘格，重用曾经的敌人，本质上是把对抗成本转化为合作收益。高手最擅长的不是消灭对手，而是把对手的刀剑熔铸成自己的铠甲——通过利益绑定把敌人拖进自己的战车，用对方的弱点作为谈判筹码，将其优势转化为己方资源。这种“敌人资源化”的生存智慧，才是乱世中最高级的稻粱谋。

赵武灵王胡服骑射，顺应潮流的变革者

◎ 温古知稻粱

在战国那个风云激荡、诸侯纷争的时代，赵国北临匈奴等游牧民族，经常与他们发生一些小摩擦。这些游牧民族自幼在马背上长大，骑射技艺娴熟，他们来去如风，机动性极强。而赵国在与他们的军事对抗中，常常处于下风，被匈奴的铁骑冲击得狼狈不堪。

赵武灵王，这位心怀壮志的君主，以敏锐的洞察力察觉到赵国军事

体制存在着严重的弊端，若不及时修复，大厦必将倾颓。于是，他决心进行一场前所未有的变革——胡服骑射。

当时的赵国，传统的军事装备和作战方式宛如古老的化石，十分落后。士兵们穿着宽大的华夏服饰，这种服饰虽然有着深厚的文化底蕴和礼仪象征，但在战场上却显得极为不便。战车，作为主要的作战工具，笨重且缺乏灵活性。当面对匈奴骑兵如疾风般的攻击时，赵国的军队就像陷入泥沼的巨兽，行动迟缓，笨拙不堪，只能被动挨打。

赵武灵王提出要学习胡人穿着短衣窄袖的服饰，骑马作战。这一想法犹如一颗投入平静湖面的巨石，刚一提出，便激起了千层浪，遭到了国内众多贵族和大臣的强烈反对。公子成，作为赵国的贵族重臣，在国内有着极高的威望和影响力，他带头抵制这一变革。在公子成看来，华夏文化源远流长，宛如一条奔腾不息的大河，滋养着赵国这片土地。赵国作为华夏诸国之一，应当遵循传统的礼仪服饰，这些礼仪服饰是华夏文明的重要标志，是祖先传承下来的瑰宝，怎么能轻易去学习蛮夷的穿着和作战方式呢？这简直是对祖宗的不敬，对传统的亵渎。

然而，赵武灵王并没有强行推行自己的政策。他深知，若想变革成功，必须要得到国内重要势力的支持。于是，他亲自前往公子成的府邸，诚恳地对公子成说："服装是为了方便使用，礼仪是为了便于行事。如今赵国面临着来自北方的巨大威胁，就像一头凶猛的野兽在暗处觊觎着我们，随时可能扑上来将我们撕成碎片。如果我们不改变现有的军事体制，赵国将难以自保。"

赵武灵王还详细分析了胡服骑射的好处。他说，骑兵的机动性强，可以快速出击和回撤，在战场上就像灵动的飞鸟，能够迅速捕捉战机，又能在危险来临之际及时躲避。这种作战方式在应对匈奴的骚扰以及未来可能的战争中，具有无可比拟的优势。

公子成被赵武灵王的诚意和远见所打动。他意识到，赵武灵王的变革并非对华夏文化的抛弃，而是为了赵国的生存和发展所做出的必要调整。最终，公子成同意支持改革。

得到了公子成的支持后，赵武灵王开始大力推行胡服骑射。他以身作则，率先穿上胡服，那短衣窄袖的服饰穿在他身上，彰显出一种别样的英武之气。他还积极练习骑射，在马背上拉弓射箭，动作娴熟而矫健。在他的带动下，赵国的士兵们纷纷效仿。一时间，赵国上下掀起了一股学习胡服骑射的热潮。赵国也因此建立起了一支强大的骑兵部队，这支骑兵部队犹如一支锐利的箭头，使赵国的军事力量迅速提升。

有一次，赵国与中山国发生边境冲突。中山国地势多山，以往，赵国的军队总是难以在这种山地地形中取得优势。笨重的战车在崎岖的山路上举步维艰，士兵们宽大的服饰也限制了他们的行动。但这一次，情况截然不同。赵国的骑兵部队如一阵旋风般席卷而来。他们穿着便于行动的胡服，骑着快马，马蹄扬起的尘土弥漫在空中。骑兵们迅速突破了中山国的防线。他们先是利用弓箭远距离攻击敌人，那一支支利箭如雨点般射向中山国的军队，打乱敌人的阵脚。然后再迅速靠近用刀剑杀敌，所到之处敌人纷纷倒下。这场战役，赵国大获全胜。

赵国凭借着胡服骑射的变革，成功地提升了自己的军事力量，成为战国七雄中的强国。

※ 借古励心志

在当今全球化的时代，世界变化日新月异，我们必须要有顺应潮流的勇气和决心。我们在生活和工作中不能故步自封，要敢于学习新事物，接受新观念。无论是企业面临市场变化，还是个人面对职业发展的转型，都应该积极适应潮流，这样才能在竞争中脱颖而出，取得成功。

韩信因人制宜，灵活应变施才华

◎ 温古知稻粱

韩信与萧何的故事恰似一盏明灯，照亮了个人在追求“稻粱谋”道路上的前行方向。

韩信年少时便心怀鸿鹄广泛，渴望在军事领域大展拳脚，成为统领千军、纵横沙场的将军，实现自己的“稻粱梦”。然而，现实却如同一座难以翻越的大山，横亘在他面前。他出身贫寒，在那个门第观念根深蒂固的时代，没有显赫的家世作为依靠，只能凭借自己的努力去闯荡。为了生存，他甚至遭受过胯下之辱，但这一切都没有磨灭他对个人发展的执着追求。他四处游历，如饥似渴地学习兵法谋略，期望有朝一日能遇到明主，施展自己的才华。

起初，韩信投身项羽麾下。项羽，这位力能扛鼎、勇冠三军的英雄，却刚愎自用，听不进他人的意见。韩信满心期待能在这里一展身手，他将自己的战略眼光和军事谋略毫无保留地展现出来，希望能得到项羽的赏识。然而，项羽只安排他担任一些低微的职务，对他那些具有前瞻性和战略性的建议置若罔闻。这对于一心渴望在军事舞台上绽放光芒的韩信来说，无疑是沉重的打击，他的“稻粱谋”陷入了僵局，个人发展之路变得黯淡无光。

但韩信并未因此而一蹶不振，他深知，此处不留人，自有留人处。于是，他毅然决定离开项羽，转投刘邦阵营。可命运似乎又跟他开了一个玩笑，在刘邦这里，他依旧未得到重用，依旧在“稻粱谋”的道路上迷茫徘徊。他觉得自己在这乱世之中，始终难以找到一个能让自己施展才华的舞台，心中充满了失落和无奈，甚至心灰意冷地决定离开。

就在这时，萧何出现了。萧何作为刘邦阵营中的重要谋士，他眼光独到，深知人才对于刘邦成就大业的重要性。同时，他也在刘邦阵营中谋求着个人发展的更大空间，他明白，发现和举荐人才不仅能助力刘邦的事业，也能为自己赢得更高的地位和更多的信任。当他看到韩信时，就像发现了一颗蒙尘的珍珠，敏锐地察觉到了韩信身上蕴含的巨大潜力。

萧何深知韩信的离开对刘邦意味着什么，他更清楚，如果能让韩信在刘邦阵营中发挥才能，自己作为举荐者，将获得不可估量的好处。于是，便有了著名的“萧何月下追韩信”的故事。萧何不顾路途艰辛，在月下狂奔，追回了准备离开刘邦的韩信。他深知，对于韩信这样心怀大志却又怀才不遇的人来说，需要的是尊重、信任和施展才华的机会。他回到刘邦身边后，便积极向刘邦推荐韩信，强调韩信的军事才能和对刘邦霸业的重要性。他因人制宜，根据刘邦渴望成就大业、需要优秀将领的心理，以及韩信渴望被重用、施展才华的需求，巧妙地游说刘邦，最终说服刘邦封韩信为大将。

韩信得到重用后，如鱼得水。他明修栈道，暗度陈仓，出其不意地突破了敌人的防线；背水一战，激发了士兵们的斗志，以少胜多，创造了军事史上的奇迹。在楚汉战争中，他屡立奇功，为刘邦夺取天下立下了赫赫战功，实现了自己的“稻粱梦”。而萧何也因为成功举荐韩信，在刘邦阵营中获得了更高的地位和更多的信任，推动了自己的个人发展。

※ 借古励心志

韩信与萧何的故事给我们带来了深刻的启示。在个人追求“稻粱谋”的道路上，我们会遇到各种各样的人和情况。我们不能一成不变地按照既定的模式去行事，要懂得因人制宜，灵活应变。要学会调整自己的策略，充分发挥自己的优势，抓住每一个可能改变命运的机会，这样才能在人生的道路上越走越远，实现自己的“稻粱谋”。

第三章
因人相交，识心拓脉

孟尝君交友广泛，汇聚力量成大业

◎ 温古知稻粱

孟尝君田文，战国四公子之首，出生于齐国的贵族家庭。他善于交际，且交友广泛，上至各国的达官贵人，下至市井的鸡鸣狗盗之徒，他都能以礼相待，诚心结交。因为他知道，在那个诸侯纷争、局势动荡的时代，人才是最宝贵的财富。

所以，他在自己的封地薛邑广纳宾客，不论出身，只要有一技之长，就可成为他的座上宾。

有一次，孟尝君听说有一个叫冯谖的人，穷困潦倒却颇有才华，便主动邀请他到自己门下。冯谖初到孟尝君府上时，表现得极为普通，甚至有些贪婪，他三次弹剑而歌，要求提高自己的待遇。孟尝君的门客都觉得冯谖是个贪得无厌的人，但孟尝君却不以为意，一一满足了他的要求。

后来，冯谖觉得应该报答孟尝君的恩德。他认为，孟尝君要想在封地被尊重认可，就必须赢得当地民众的信任，为此，他到孟尝君的封地薛邑为孟尝君收债，而后却以孟尝君的名义将债券烧毁，为孟尝君赢得了民心。

后来，孟尝君被齐王罢黜相位，因为薛邑百姓对孟尝君的拥护，让孟尝君有了安身之所。

孟尝君交友的范围之广，他的门客中有擅长外交辞令的，有精通兵法战略的，还有一些看似不起眼却有着特殊技能的人。

在一次孟尝君出使秦国的过程中，秦王听信谗言，想要扣留孟尝君。这时他门下的一位门客潜入秦王的仓库，偷出了孟尝君献给秦王的那件价值连城的狐白裘，转献给秦王的宠姬。宠姬向秦王说情，秦王便答应放孟尝君回国。但随后秦王又反悔了，派兵追赶。

孟尝君逃到函谷关时，正值深夜，按照规定要等鸡鸣才能开关放行。孟尝君的另一位门客学起了鸡叫，引得周围的鸡都跟着叫了起来。守关的士兵以为天亮了，便打开了关门，孟尝君得以顺利逃脱。

这些看似低微的门客，在关键时刻发挥了巨大的作用，这都得益于孟尝君交友广泛，不轻视任何一人。

在那个时代，孟尝君凭借着广泛的交友，汇聚了各方力量，使自己在齐国乃至诸侯间都拥有着极高的威望和影响力，成就了一番大业。他的封地薛邑在他的治理下繁荣昌盛，他也多次在齐国的政治舞台上扮演重要角色。

※ 借古励心志

对于个人而言，广泛的交友可以拓宽视野，增长见识。我们可以结交不同行业、不同年龄段的朋友，从他们身上学习不同的知识和经验。说不定在某个关键时刻，那些看似不起眼的朋友会成为帮助我们走出困境的关键力量，实现自身的发展和成功，同时，他们也许就是我们跨越阶层的硬核生存术。

春申君借力成才，辅佐楚王显雄风

◎ 温古知稻粱

在战国时期的楚国，有一位非常重要的人物叫春申君，他出身并非最为显赫，但自幼聪慧，胸怀大志。最初，春申君凭借自己的学识和辩才，在楚国崭露头角。

随着历史的推进，秦国不断向东扩张，楚国的边境屡屡受到侵扰。秦国成为楚国最大的威胁。春申君意识到，要想抵御秦国，就必须与其他国家联合起来。

首先，他去除秦国之外的各诸侯国访问了一遍，最后，他非常正式地出使秦国。

在秦国大殿之上，面对强大的秦国，春申君毫不畏惧。他明白，秦国想要消灭楚国，而后逐一击破各诸侯国，统一天下。他也十分清楚，当前楚国的处境非常严峻。春申君对秦王说：“秦王陛下，楚国与秦国，犹如两大巨人屹立于诸侯之间。楚国一直对秦国的强大心怀敬畏，两国之间本有着诸多的共同利益。”秦王微微皱眉，似乎并不为这种开场白所动。

春申君见状，话锋一转，开始分析当前的局势。他说：“陛下，如今诸侯纷争，局势错综复杂。秦国若执意攻打楚国，虽楚国可能不敌，但楚国广袤的土地、众多的子民，必然会奋起抵抗。这将是一场旷日持久的战争，秦国即便最终获胜，也必定会损耗大量的人力、物力和财力。”春申君深知秦王是一个有远见卓识的君主，他更关注的是秦国长远的利益。

接着，春申君说：“前几日，我出使各诸侯国，他们对秦国攻打我楚国的行为很是担心，很有可能会联合起来抵抗秦国。想当年，齐国攻打燕国，起初齐国势如破竹，但燕国军民顽强抵抗，齐国陷入燕国的泥潭之中，最后虽然占领了燕国部分土地，可自身也元气大伤，还引得其他诸侯联合起来对抗齐国。秦国如今攻打楚国，很可能会重蹈齐国的覆辙。”春申君的声音沉稳有力，他的目光紧紧地盯着秦王，试图让秦王感受到他话语中的分量。

秦王听到这里，心中有些动摇。春申君敏锐地捕捉到了秦王表情的变化，他趁热打铁，说道：“陛下，秦国的目标是统一天下，而楚国可以成为秦国统一天下道路上的助力者，而非阻力者。若秦国现在就与楚国兵戎相见，只会让其他诸侯国坐收渔翁之利。”

秦王沉默了许久，他在权衡利弊。春申君的话句句在理，攻打楚国确实存在诸多风险，最终，秦王决定退兵。

就这样，春申君凭借着自己的智慧和口才，成功说服秦王退兵，暂时化解了楚国的危机。这一事件在战国历史上留下了浓墨重彩的一笔，春申君也因此成为楚国的英雄，他的智谋和胆识被后人传颂。

※ 借古励心志

从个人追求功名利禄，实现“稻粱谋”的角度看，春申君的经历颇具启示。在战国那个风云变幻的时代，出身不显赫的他，深知若想改变命运、获取荣华，必得有所凭借。于是，他凭借自身聪慧，刻苦钻研学识，精心锤炼辩才。凭借这些过人之处，他在楚国崭露头角，得以进入权力核心，进而辅佐楚王，显尽雄风。春申君以自身努力为跳板，借才学与口才之力，实现了从平凡到显贵的跨越，为自己的“稻粱谋”闯出了一片广阔天地。

管仲遇鲍叔牙，倾心引荐展宏图

◎ 温古知稻粱

在春秋时期，齐国大地上有两位年轻人，管仲和鲍叔牙。

他们自幼相识，两人家境不同。鲍叔牙家境较为殷实，而管仲则相对贫寒。他们一同经商，希望在这乱世之中谋得一份生计。

在经商的过程中，他们有了收益需要分配。按照当时的惯例，利润应该按照出资比例来分配。然而，每次分金的时候，管仲总是会多拿一些。这在旁人看来，管仲似乎是一个贪婪、不知感恩的人。但鲍叔牙却从不这么认为。

有一次，他们的生意获得了一笔丰厚的利润。在分金的时候，管仲又像往常一样多拿了一部分。周围的人开始窃窃私语，对管仲投来了不满和鄙夷的目光。可是鲍叔牙却微笑着，将剩余的金子收起来，仿佛什么都没有发生。他对那些心存疑惑的人说：“管仲家中有老母需要奉养，他多拿一些是应该的，我并不在意。”

管仲听到鲍叔牙的话，心中满是感动。他知道，在这个世界上，能够如此理解自己、包容自己的人，恐怕只有鲍叔牙了。管仲深知自己的行为在外人眼中的不妥之处，但鲍叔牙却能抛开世俗的眼光，看到他内心的无奈和对家庭的责任。

而且，鲍叔牙一直对管仲十分的信任和支持。因为他看到的是管仲的才华，管仲有着敏锐的商业头脑，在经商过程中常常能想出独特的点子，让生意获得更多的利润。鲍叔牙相信，管仲将来必定会有一番大作为。

后来，齐国发生内乱，两位公子争夺王位。管仲辅佐公子纠，鲍叔牙辅佐公子小白。在这场权力的争斗中，管仲曾为了公子纠而射伤公子小白。但最终公子小白获胜，成为齐国的国君，也就是齐桓公。

齐桓公即位后，想要重用鲍叔牙为相。但鲍叔牙却做出了一个惊人之举，向齐桓公推荐了管仲。他没有因为管仲曾经与自己对立而落井下石，也没有因为齐桓公的愤怒而沉默不语。鲍叔牙站出来，诚恳地告诉齐桓公，若想齐国称霸诸侯，管仲是不可多得的人才。这一推荐，不仅需要极大的勇气，更体现了鲍叔牙的远见卓识。他看到的是管仲的治国安邦之才，看到的是齐国长远的发展，而不是个人的恩怨情仇。

从管仲的个人成长历程来看，鲍叔牙的存在无疑是至关重要的。鲍叔牙就像是管仲成长道路上的一盏明灯，在管仲身处困境、面临生死危机时，给予他最大的支持和信任。这种信任不是盲目的，而是基于多年的了解和对管仲才能的准确判断。

※ 借古励心志

管仲早年家境贫寒，虽有经世之才却难展抱负，为“稻粱谋”苦苦挣扎。鲍叔牙慧眼识珠，深知管仲之能，不仅在经济上资助他，更在政治上倾心引荐。管仲借此机遇，得以施展治国韬略，助齐桓公成就霸业，自己也位极人臣，实现了人生理想。鲍叔牙则因识人善荐，赢得贤名，同样达成了自己的“稻粱谋”。二人相互成就，在谋求自身发展的同时，也共同书写了一段流传千古的佳话。

俞伯牙遇钟子期，知音共赏促艺进

◎ 温古知稻粱

在春秋时期的楚国，有一位琴艺高超的雅士，名叫俞伯牙。俞伯牙的琴艺，宛如那高山之巅的清泉，灵动而深邃，但他却常常为无人能真正理解他琴音中的深意而感到孤独。

俞伯牙出身于音乐世家，自幼便开始习琴。在那个时代，琴艺不仅仅是一种艺术追求，对于像他这样的人来说，也是一种“稻粱谋”。他凭借着琴艺，游走于诸侯之间，期望能得到赏识，获得一份安身立命之所。然而，尽管他的琴音美妙绝伦，那些达官贵人大多只是将他的演奏当作一种消遣，没有人能真正走进他的音乐世界。

一次，俞伯牙乘船行至汉阳江口，恰逢中秋之夜，明月高悬。他一时兴起，便在船头抚琴，他的琴音中既有对明月的赞美，又有对自己漂泊不定的感慨，还有对人生境遇的思考。正当他沉浸在自己的琴音之中时，突然听到岸边有人大声赞叹：

“善哉，峨峨兮若泰山！”

“善哉，洋洋兮若江河！”

俞伯牙大惊，他没想到在这荒郊野外，竟有人能如此理解他的琴音。

此人便是钟子期。钟子期是一位樵夫，虽然身份低微，但对音乐有着极高的悟性。他每日在山林间劳作，与自然为伴，心中对山水的感悟似乎都能在俞伯牙的琴音中找到出处。

俞伯牙与钟子期在船上相谈甚欢，俞伯牙弹奏不同的曲调，钟子期总能准确地说出他心中所想。对于俞伯牙来说，钟子期就像是黑暗中的一盏明灯，照亮了他一直孤独前行的音乐之路。

在与钟子期相遇之后，俞伯牙的琴艺取得了飞速提升。一方面，他不再是为了取悦那些不懂音乐的权贵而弹琴，而是为了与知音共享音乐中的美妙与深意。另一方面，通过钟子期对生活、自然的理解，他开始更加深入地探索琴音的表现力，将对生活、对自然、对人生的感悟更加细腻地融入琴曲之中。他知道，在钟子期的耳朵里，他的每一个音符都有了价值。

总之，俞伯牙与钟子期的相遇，于个人发展和实现稻粱谋而言，是一段意义非凡的佳话。俞伯牙身为琴师，个人发展面临瓶颈，虽有精湛琴艺，却难遇知音，无法从他人反馈中提升技艺。钟子期的出现，如同一束光照进他的艺术世界。子期能精准领悟其琴音中的高山流水之意，让伯牙的琴艺在相互交流、共鸣中不断精进，个人艺术境界得以升华。

※ 借古励心志

从实现稻粱谋角度看，在古代，技艺精湛且有知音赏识的琴师，更容易获得社会认可与尊重。伯牙因钟子期的赏识，名声远扬，吸引了更多达官贵人、文人雅士的关注，获得更多演奏机会，物质回报自然丰厚。而钟子期虽非琴师，却因懂琴，能与伯牙深入交流，在相关文化圈层中也有了自己的位置，间接为自身谋得更好的发展机遇。二人因知音之遇，在个人艺术发展和现实生活保障上都迈向了新台阶。

左思遇刘逵，知音赏识传佳作

◎ 温古知稻粱

在西晋时期，有一位热爱文学的寒门子弟叫左思。他生来貌丑，那模样甚至让初见者忍不住微微皱眉。而且他还口讷，不善言辞，似乎命运在他的外表和表达能力上都设下了重重阻碍。

当时，在那个门第观念根深蒂固的时代，寒门子弟想要在文学与社会的舞台上崭露头角，简直难如登天。但左思对文学的追求一直没有停下。

为了创作《三都赋》，他开启了一段漫长而艰辛的征程。他整日闭门不出，广泛收集关于魏、蜀、吴三国的一切资料。家中的书房成了他的世界。那一方小小的书桌，堆满了竹简和纸张。

他不分日夜的研究创作，精心雕琢每一个词句，试图将三国的神韵通过自己的文字完美地呈现出来。

然而，创作之路布满荆棘。左思的初稿完成后，就像一颗投入平静湖面的石子，只泛起了些许微弱的涟漪，并未得到广泛的认可，反而受到了一些人的质疑和批评。

那些门第高贵的文人雅士，身着华丽的服饰，手持精致的折扇，轻蔑地看着左思这个寒门子弟，认为他的作品不过是痴人说梦，根本无法与他们所推崇的文学经典相提并论。

面对这种情况，左思陷入困境，并开始怀疑自己。

也就是在这个时候，时任著作郎的刘逵出现了，他虽为官员，但也是一位才华横溢的文人，在当时的文坛颇有影响力。当他第一次看到左思的《三都赋》时，被左思文中那宏大的叙事所震撼，仿佛自己正随着左思的文字穿越到三国的烽火岁月，如同身临其境般看到了三国的繁华市井与宁静田园，感受到了左思对历史、对社会的深刻洞察。

刘逵给予了左思高度的评价，他深知这部作品的价值不应被埋没，便主动帮他推广。不仅如此，他还亲自为《三都赋》撰写了序注。正是因为他的序注，为那些原本对《三都赋》感到困惑的人打开了理解的大门，帮助更多的人洞悉左思的创作意图和《三都赋》的精妙之处。

在刘逵的大力支持和积极宣传下，《三都赋》逐渐散发出耀眼的光芒。那些原本对左思不屑一顾的人，开始重新审视这部作品。他们惊讶地发现，这个曾经被他们轻视的寒门子弟，竟有着如此惊人的才华。随着人们的口口相传，《三都赋》的名声如同燎原之火，迅速蔓延开来。大街小巷，人们都在谈论这部作品，抄写的人越来越多，以至于洛阳的纸张供不应求，“洛阳纸贵”成为那个时代独特的文化景观。

※ 借古励心志

左思创作《三都赋》时，虽呕心沥血，却无人赏识，作品蒙尘，个人发展受阻，其生活想必也因怀才不遇而困窘，实现稻粱谋更是遥遥无期。直至刘逵出现，他慧眼独具，对《三都赋》大加赞赏，还为其作注。这一赏识与助力，如春风化雨，让左思的作品得以广泛传播。随着《三都赋》声名远扬，左思的知名度迅速提升，从默默无闻到声名鹊起。可以说，刘逵这位知音的赏识，为左思铺就了实现“稻粱谋”的坦途。

鲁肃与周瑜，相交相知共创东吴辉煌

◎ 温古知稻粱

在三国那个动荡不安、英雄逐鹿的时代，鲁肃出身于富豪之家。他本可以安享富足的生活，沉醉于家族的荣华富贵之中，但他却有着一颗心怀天下的心，其远见卓识更是远超常人。

鲁肃目光敏锐，他看到了乱世之下潜藏的机遇与危机，深知天下局势犹如一盘复杂的棋局，每一步都关乎着无数人的命运。

周瑜，作为东吴赫赫有名的名将，智勇双全的特质在他身上完美融合。当时，周瑜在居巢担任县令。居巢的情况并不乐观，面临着缺粮的严峻问题。缺粮，在那个战争频繁的年代，就像是扼住咽喉的双手，足以让一个地方陷入绝境。周瑜无奈之下，向鲁肃求助。鲁肃听闻周瑜的困境后，毫不犹豫地做出了一个惊人的决定——将家中一半的粮食送给周瑜。这一半的粮食，不仅仅是物质的援助，更是鲁肃对周瑜信任与支持的象征。这一举动，在那个物资匮乏且人心复杂的时代，显得尤为珍贵。

他们二人相互赏识，周瑜深知鲁肃的谋略和胸怀。而鲁肃也看好周瑜的军事才能，周瑜在战场上指挥若定的风姿，他排兵布阵的高超技巧，都让鲁肃坚信周瑜是东吴不可或缺的将才。

在东吴的发展过程中，他们携手合作，成为东吴崛起的两大支柱。鲁肃看到了曹操的强大，也看到了刘备势力的潜力，意识到只有联合刘备，东吴才能够在曹操的巨大压力下求得生存与发展。为此，他力主联刘抗曹。周瑜则在赤壁之战中指挥东吴水军大破曹军，赤壁之战的胜利，是周瑜军事才能的极致体现。

他们的相交相知，为东吴拓展了生存和发展的人脉关系网络。并凭借自身的影响力，吸引了更多的人才汇聚东吴。这些人才在不同的领域发挥着作用，共同推动东吴不断发展壮大，从而使东吴得以在三国鼎立的局面中占据一席之地。

※ 借古励心志

鲁肃和周瑜的故事告诉我们，在当今竞争激烈的社会环境中，个人的发展不能仅仅局限于自身的小圈子。就像鲁肃，虽然家境富裕，但他没有局限于此，而是将目光投向更广阔的天下。同时，我们需要善于发现他人的优点和潜力。当我们认定一个人具有发展潜力时，像鲁肃支持周瑜一样给予真诚的帮助，不仅能够建立深厚的人际关系，还可能为自己的发展创造更多的机会。

王阳明被贬谪后的思辨与提升

◎ 温古知稻粱

王阳明是明代一位才华横溢的政治家、思想家和教育家。他因直言进谏触犯了权势而遭到贬谪，被派往江西龙南县任职。

在龙南县，由于是基层官员，王阳明有更多的机会与当地百姓接触，并开始认真倾听老百姓的烦恼和诉求。然而，由于他对政治的直言不讳，常常引起地方官员的不满。

他试图用他个人的理解去解决他们的困扰。然而，由于缺乏系统的方法论，王阳明显得力不从心。为此，他开始冥想思考，希望找到更好的解决问题的方式。

有一天，王阳明在与一位老者交谈时，听到了一个故事，这个故事的结论是由于一位智叟的一时冲动而错失了成功良机，导致他后悔一生。这讲的不就是自己吗？不正是自己的直言冲动，而被贬到这个地方吗？为此，他在与不同的人沟通时，开始有意识地反思自己的行为方式。

在与官员沟通时，尽管很多官员对他不满，但每次交流都给王阳明带来了新的思考。例如，在与某一位官员讨论教育时，尽管这位官员之前提出的观点在他看来都很荒谬，而且总是和自己针锋相对，没有什么好印象，但这一次，这位官员提出了许多可行的建议，这让王阳明意识到，很多你讨厌的人也有其优秀的一面。

但很快王阳明又陷入了一个新的矛盾：一方面，他很清楚自己的错误和不足；另一方面，他却不愿意接受这些批评，甚至试图用武力解决问题。这种内心的挣扎让他意识到，必须从内心深处进行反思。

为了解决这个问题，他开始每天与不同的人沟通交流，并记录下自己的思考。一个月后，他发现他的笔记中充满了智慧与启发：原来，自己一直局限在一条思路上，而通过他人思想和事例的刺激，他终于找到了新的视角。

最终，在龙南县的经历让王阳明完成了思想上的蜕变。他明白了，人生的意义不在于简单地实现目标，而在于不断反思、学习与调整。而且提出了一种新的哲学观点——心学，强调以心为主导，通过识对方的心、识自己的心来指导自己的行动。这一哲学思想不仅使他在精神层面实现了升华，更为他个人发展提供了强大动力。

※ 借古励心志

王阳明被贬谪至龙南县后，那段艰难岁月却成为他个人发展的关键转折点。那时，他仕途受挫，生存环境恶劣，在困境中，他开始深度思辨与自我提升。其思想上的蜕变，让他从困顿中寻得新的出路。心学的传播让王阳明声名远扬，吸引了众多弟子追随，获得了广泛的社会影响力。这为他带来了诸多机遇，在个人发展与实现“稻粱谋”的道路上迈出了坚实步伐。

第四章 求稻粱谋，习通言术

烛之武的传奇，从牧马人到游说秦穆公

◎ 温古知稻粱

在春秋时期的郑国，有这样一位奇人，他叫烛之武。烛之武的前半生，黯淡无光。他一直担任着郑国的牧马人，每日与马群为伴，在广袤的牧场上，看日升日落。

烛之武虽然职位低微，但却有着非凡的才华和对天下局势的深刻洞察力。他饱读诗书，对各国的政治、军事、地理等情况了如指掌。然而，在那个重视门第的时代，他空有一腔抱负，却无人赏识。

当时，秦国和晋国两大强国联合起来，对郑国形成了夹击之势，郑国面临着巨大的危机。郑国的国君心急如焚，四处寻找能够挽救郑国于水火之中的人才。这时，有人向国君举荐了烛之武。国君听闻后，抱着试一试的心态召见了烛之武。

当烛之武出现在国君面前时，他的形象并不起眼，岁月的风霜在他脸上刻下了深深的痕迹，身上还带着马厩的气息，但他的眼神却坚定而明亮。国君向他诉说了郑国的困境，希望他能够去秦国做说客。烛之武听后没有丝毫犹豫，接受了游说秦穆公的重任。

于是，在一个夜晚，烛之武被人用绳索从城墙上放了下去，他独自一人走向了秦军的营帐。当他站在秦穆公面前时，秦穆公看着这个不起眼的老者，心中满是疑惑。但烛之武却不卑不亢，开始了他的游说。

他首先指出秦国与郑国之间隔着晋国，如果秦国帮助晋国灭掉郑国，那么晋国的势力将会大增，而秦国却得不到实际的好处。他说：“越国以鄙远，君知其难也。焉用亡郑以陪邻？邻之厚，君之薄也。”就如同一个人想要越过别人的土地去占有远方的领土，这是非常困难的，而且只会让邻国变得更强大，而自己却受损。

接着，他又向秦穆公分析了晋国的贪婪本质。他说晋国曾经答应给秦国焦、瑕两地，但却背信弃义。如果郑国灭亡，晋国必然会进一步扩张，到时候秦国恐怕会成为晋国下一个吞并的目标。烛之武的言辞如同一把锋利的剑，直刺秦穆公心中的担忧之处。

秦穆公被烛之武的话深深打动，他意识到攻打郑国对秦国并没有好处，反而可能会陷入危险的境地。于是，秦穆公决定与郑国结盟，并留下了杞子、逢孙、杨孙三位将领帮助郑国守卫。就这样，烛之武凭借着自己的智慧和口才，成功地化解了郑国的危机。

烛之武从一个牧马人逆袭成为挽救郑国的英雄，他凭借着自身的才华、勇气以及对局势和人心的把握，成功游说秦穆公。这个历史故事提醒着我们，在现代社会中，不要被自己的出身或者当前的处境所限制，要善于抓住机会，发挥自己的优势，准确判断局势，从而实现自己的价值。

※ 借古励心志

烛之武早年不过是郑国一个默默无闻的牧马人，生活平凡，“稻粱谋”也仅停留在温饱层面。然而，当郑国面临秦晋联军围困的危局时，他的人生迎来转机。凭借多年积累的智慧与口才，烛之武临危受命，游说秦穆公。他晓以利害，成功说服秦国退兵，挽救了郑国。这一壮举让他声名大噪，从无名小卒一跃成为郑国的英雄与重臣。不仅获得了丰厚的赏赐，更在朝堂上拥有了稳固的一席之地，个人发展也迈向新高度，真正实现了从困窘到安稳、从无名到显达的转变，稳稳地达成了自己的“稻粱谋”。

张仪因人施策，巧舌如簧促结盟

◎ 温古知稻粱

战国乱世，风云变幻，各国之间合纵连横，外交舞台波谲云诡。

原本出身平凡的张仪，没有显赫的家世背景作为支撑，在那个风云变幻、竞争激烈的时代，他若想改变命运、实现“稻粱谋”，无疑困难重重。最初，他或许也只是在底层摸爬滚打，为生计而奔波，空有一身才华却难觅施展之地。

但张仪并未向命运低头，他深知言语的力量，苦练口才，练就了一副巧舌如簧的本领，终于成为秦国朝廷的重要一员。

当时，由于魏国地处中原要冲，四战之地，在列强环伺下处境艰难。魏哀王忧心忡忡，每日都在思索魏国的出路。此时的秦国，经过商鞅变法后，国力日益强盛，虎视眈眈地望着中原大地。

张仪作为秦国的大臣，深知魏国地理位置的关键性。若魏国臣服于秦，既能削弱东方六国“合纵”抗秦的联盟，又能为秦国东进打开门户。

同时他也知道，魏哀王并非没有野心，只是魏国的现状让他举棋不定，既害怕秦国的强大军事力量，又不甘轻易屈服。于是，张仪来到魏国，商讨结盟事宜。

张仪见到魏哀王时，先是恭敬地行礼，然后缓缓开口说道：“大王，臣观今日之天下局势，犹如风云激荡之沧海。魏国恰似这沧海中的一叶扁舟，四周波涛汹涌，危机四伏啊。”魏哀王听闻，不禁微微皱眉，心中的忧虑被张仪的话勾起。

张仪接着说：“大王，魏国四周皆是强国，北有赵国，东有齐国，南有楚国，而西边的秦国，如今更是兵强马壮。魏国的土地平坦开阔，无险可守，这就如同一个装满财宝却没有城墙保护的宝库，各国皆对其垂涎欲滴。”他一边说，一边观察魏哀王的表情，只见魏哀王的脸色越发凝重。

“大王，臣以为，魏国现在最明智的选择就是与秦国结盟。秦国如今国力强盛，兵锋所指，无不披靡。然而，秦国并非想要灭亡魏国，而是希望能与魏国共同在这乱世之中谋求发展。”张仪的声音沉稳而有力，仿佛在诉说着一个不容置疑的事实。

魏哀王有些犹豫，他问道：“若与秦国结盟，秦国真的能保证魏国的安全吗？”

张仪立刻回答道：“大王，秦国与魏国结盟，那是互利共赢之举。秦国可借助魏国的地理位置，稳定其在中原的势力范围；而魏国则可仰仗秦国的军事力量，抵御其他国家的侵扰。秦国的强大，大王是知晓的，有秦国作为盟友，就如同在魏国的四周筑起了一道坚固的城墙。”

张仪见魏哀王的态度有所松动，又进一步说道：“大王，您想想看，若是魏国与秦国为敌，秦国必然倾尽全力来攻打魏国。以魏国目前的兵力和地势，恐怕难以抵挡。到时候，魏国的百姓将饱受战乱之苦，魏国的社稷也将岌岌可危。但若是与秦国结盟，魏国不仅可以保全自身，还能在秦国的庇护下发展经济，增强国力。”

为了让魏哀王更加信服，张仪还列举了一些例子。他说：“昔日，那些与秦国为敌的国家，下场皆是凄惨。而那些与秦国交好的国家，却能在秦国的荫庇下安居乐业。”

魏哀王听了张仪的这一番话，心中的天平开始向与秦国结盟倾斜。他深知魏国的处境艰难，张仪的话虽然有秦国利益的考量，但也确实指出了魏国的一条可生之路。

最终，魏哀王权衡利弊后，决定与秦国结盟。这一结盟，在一定程度上改变了战国时期的格局，魏国在秦国的庇护下暂时获得了相对稳定的发展环境，而秦国也通过魏国进一步巩固了其在中原的影响力。

※ 借古励心志

张仪出身平凡，无显赫家世可依，在风云变幻的时代里，如沧海一粟，默默无名。起初为“稻粱谋”，他四处奔走，却屡遭冷眼与挫折。但他未向命运低头，苦练口才，以敏锐洞察力因人施策。凭借巧舌如簧，游说各国促成结盟，获秦王赏识，位极人臣，终于改变平凡命运，实现了人生的逆袭。

庸芮巧言智救魏丑夫，赢得了声誉，巩固了地位

◎ 温古知稻粱

秦宣太后在秦国的政治舞台上曾经有着举足轻重的地位。她在晚年的时候，宠爱一个名叫魏丑夫的男子。这种宠爱超乎寻常，以至于秦宣太后在病重之时，下令让魏丑夫为自己殉葬。这一决定对于魏丑夫来说，无异于晴天霹雳。他虽然深得太后宠爱，但面对死亡的威胁，还是有些害怕。

就在魏丑夫感到绝望的时候，庸芮站了出来。庸芮是秦国一位有智谋的大臣，他了解秦宣太后的性格，也明白这件事情背后的利害关系。他决定劝说秦宣太后，改变这个残酷的决定。

庸芮见到秦宣太后后，他问秦宣太后：“太后您认为人死后是否还有知觉呢？”

秦宣太后微微一愣，思考了一下回答道：“这很难说，也许有，也许没有吧。”

庸芮紧接着说道：“如果人死后没有知觉，那么您让魏丑夫殉葬又有什么意义呢？只不过是白白牺牲了一条无辜的生命。他生前陪伴您，给您带来快乐，如今您去了另一个世界，没有知觉的话，他的陪伴也毫无意义，就如同对着虚空浪费一个鲜活的生命。”

秦宣太后听了，若有所思，但并没有立刻表态。庸芮见状，又进一步说道：“如果人死后有知觉，那么太后您想想，先王在地下已经积怨已久了。您生前有众多的宠爱之事，先王恐怕都在地下注视着。如今您带

着魏丑夫到地下，先王见到您带着新欢，必然会更加愤怒，到时候您恐怕要遭受先王的责罚，您在地下的日子又怎么会安宁呢？”

这一番话，可谓是直击秦宣太后的内心。她是一个在政治上纵横捭阖的人，对于先王的敬畏以及死后未知世界的担忧，都在庸芮的话语中被触动。秦宣太后沉默了许久，最终改变了让魏丑夫殉葬的决定。

庸芮通过这一次巧妙的劝说，成功地解救了魏丑夫。这件事情很快在秦国传开，庸芮的智慧和谋略受到了众人的赞赏。在秦国的朝堂之上，他的地位也得到了巩固。其他大臣对他更加敬重，君主也对他刮目相看，认为他是一个有能力处理复杂问题的人才。

※ 借古励心志

在人际交往中，我们要学会用智慧的语言去沟通。故事中，庸芮并没有直接指责秦宣太后的决定是错误的，而是通过巧妙的提问和假设，引导秦宣太后自己去思考。既救魏丑夫于危难，又展现其智谋与辩才，赢得朝野赞誉，巩固了自身在秦廷的地位，成为以言谋身、以智固权的典范。

巧言破厄运，伍子胥的逆袭之路

◎ 温古知稻粱

伍子胥出身楚国贵族，本应享受荣华富贵，然而命运却对他开了一个残酷的玩笑。楚平王听信费无忌的谗言，不仅抢走了本应嫁给太子建的秦女孟嬴，还妄图斩草除根，杀害太子建及其师伍奢全家。伍奢被捕后，费无忌又设计诱骗伍奢的两个儿子伍尚和伍子胥前来，妄图将他们一网打尽。伍尚忠厚孝顺，明知是陷阱却仍毅然赴死；而伍子胥则看穿了敌人的阴谋，毅然选择逃亡。这一选择，成为他改变命运的关键转折点，也开启了他艰难的征程。

逃离楚国并非易事，前方重重关卡犹如一道道难以逾越的天堑，而伍子胥首先要面对的便是昭关。昭关地势险要，重兵把守，楚平王更是下令张贴画像，悬赏捉拿伍子胥。此时的伍子胥，可谓是插翅难逃。然而，他并未被眼前的困境吓倒，而是积极寻找脱身之法。在一位名叫东皋公的隐士帮助下，伍子胥与好友皇甫讷互换衣冠，由皇甫讷扮作伍子胥的模样去闯关。当守关将士误将皇甫讷当作伍子胥抓获时，伍子胥则趁乱混出了昭关。这一巧妙的计策，不仅展现了伍子胥的机智过人，更体现了他为了改变命运而不惜冒险、灵活应变的精神。

过了昭关，伍子胥又面临着新的挑战——渡江。他昼伏夜出，一路奔波，早已疲惫不堪，且身无分文。当他来到江边时，看到一位老渔翁正在撑船，便急忙上前求救。老渔翁认出了伍子胥，但并未声张，而是帮他渡过了江。上岸后，伍子胥解下随身携带的宝剑，想要赠予老渔翁以表谢意。这把宝剑价值千金，然而老渔翁却拒绝了。他表示，楚王悬赏五万石粮食，并封大夫之爵来捉拿伍子胥，自己都不为所动，又怎会贪图这区区一把宝剑呢？老渔翁的一番话，让伍子胥深受触动，也让他更加坚定了改变命运的决心。他深知，在这乱世之中，唯有凭借自己的智慧和勇气，才能摆脱困境，实现心中的抱负。

此后，伍子胥一路颠沛流离，最终来到了吴国。在吴国，他并没有因为自己的落魄而自暴自弃，而是积极寻找机会，展现自己的才能。他得知吴王僚的公子光有夺位之心，便将专诸推荐给公子光，帮助他刺杀了吴王僚，公子光顺利即位，是为吴王阖闾。伍子胥也因此得到了吴王阖闾的重用，被任命为行人，参与国政。从此，伍子胥在吴国站稳了脚跟，开启了他辉煌的政治生涯。

在吴国，伍子胥充分发挥自己的才能，为吴国的发展和强大出谋划策。他协助吴王阖闾整顿军队，发展经济，使吴国的国力日益强盛。同时，他还积极推动吴国对外扩张，多次率领吴军攻打楚国，最终攻破楚国都城郢都，报了楚平王杀父兄之仇。伍子胥的这一系列举措，不仅实现了他个人的复仇愿望，也为吴国在春秋时期的争霸中奠定了坚实的基础。他从一个逃亡的亡命之徒，摇身一变成为吴国的重臣，实现了从绝境到辉煌的华丽转身，成功地改变了自己的命运，达成了心中的“稻粱谋”。

伍子胥的成功并非偶然，他在面对厄运时，没有选择屈服和放弃，而是凭借着自己的智慧、勇气和坚韧不拔的意志，积极寻找改变命运的机会。他巧言说服边关吏，巧妙地避开了敌人的追捕；在困境中，他保持清醒的头脑，灵活应变，不断调整自己的策略；在吴国，他充分发挥自己的才能，为国家和君主出谋划策，赢得了尊重和信任。他的故事告诉我们，无论身处何种困境，只要我们心怀梦想，勇于追求，善于运用自己的智慧和才能，就一定能够改变命运。

※ 借古励心志

伍子胥，这位春秋时期的传奇人物，以其过人的智慧和坚忍的意志，在绝境中寻得生机，书写了一段改变命运的壮丽篇章。在当今社会，我们虽然不再面临伍子胥那样的生死危机，但生活中依然充满了各种挑战和困难。我们也应该像伍子胥一样，保持积极乐观的心态，勇敢地面对困境，不断提升自己的能力和素质，为实现自己的人生价值而努力奋斗。因为，命运掌握在我们自己手中，只要我们不放弃，就一定能够创造出属于自己的辉煌。

叔詹妙言陈情，晋文公动容免其死

◎ 温古知稻粱

春秋时期，晋文公重耳，历经流亡之苦后回国即位，成为晋国的一代雄主。而在他的统治过程中，与郑国之间发生了一段饶有趣味且充满智慧较量的故事

晋国在晋文公的治理下日益强大，于是开始向周边国家扩张影响力。郑国，这个处于中原之地的小国，在晋楚两大强国的夹缝中艰难求生。晋文公因为郑国曾经对他无礼，便兴兵讨伐郑国。郑国在强大的晋国面前，犹如狂风中的弱柳，岌岌可危。

郑国上下人心惶惶，叔詹作为郑国的一位贤能之士，深知晋国此次来势汹汹。郑国在军事上难以与晋国抗衡，于是叔詹采用外交方式来化解危机。然而，郑国最终还是战败，叔詹被晋国俘虏。

晋文公对叔詹早有耳闻，并且因为郑国对自己的冒犯而对叔詹心怀怨恨，欲杀之而后快。

叔詹被带到晋文公面前时，他没有表现出丝毫的畏惧，而是镇定自若。他对晋文公说道："君侯，我早知道您会成为晋国的国君。在您流亡之时，我就曾劝我们郑国的国君以礼相待，可是他不听我的劝告。如果当时郑国听从了我的建议，对您敬重有加，如今郑国何至于遭受此等兵祸，您又何必如此兴师动众呢？"晋文公听到这里，微微一怔，心中对叔詹的话有了些许触动。

叔詹接着说："君侯您是贤明之君，想必懂得赏罚分明的道理。郑国

国君的无礼，不应归咎于我。我一直主张对您友好，我是郑国的忠臣，在郑国努力为郑国的利益着想，同时也希望能与晋国交好。君侯若是杀了我这样一个一心向着晋国的人，恐怕会让天下有识之士寒心，也有损君侯您的贤名啊。”

叔詹的话句句在理，他巧妙地将自己与郑国国君的行为区分开来，表明自己的立场是倾向于晋国的，同时又暗示晋文公杀了他会带来不良的影响。

叔詹又进一步说道：“君侯，您看那些古代的贤君，他们对待忠臣都是敬重有加的。我虽然是郑国的臣子，但也是秉持着忠诚和智慧在行事。君侯若能饶恕我，不仅是对我的恩赐，更是向诸侯展示您的大度和宽容，这对晋国在诸侯中的威望提升大有裨益。”

晋文公听了叔詹的这一番妙言陈情，心中不禁动容。他开始重新审视叔詹这个人，叔詹的智慧、忠诚以及他所说的话的合理性，都让晋文公陷入了思考。最终，晋文公决定免去叔詹的死罪，释放他回国。

※ 借古励心志

叔詹在面临晋文公的杀念时，凭借着自己的妙言陈情，成功打动了晋文公，免去了死罪。叔詹以“稻粱谋”智慧实现生死逆转，遇险不避，化被动为主动；以逻辑拆解困局，用价值重构认知。这个故事提醒我们，将职场危机转化为个人品牌镀金的契机，方能转危为机，拓发展之路。

祢衡怒骂曹操，自绝生路赴黄泉

◎ 温古知稻粱

东汉末年，英雄与奸雄并起，祢衡以其独特的狂傲之姿，在历史的舞台上留下了一段令人唏嘘的故事。

祢衡，年少时便才思敏捷、能言善辩，但其为人恃才傲物。当时因为曹操挟天子以令诸侯，势力渐大，广纳贤才，祢衡就在这个时候被推荐到了曹操的麾下。

曹操本以为祢衡会像其他谋士文人一样，对自己恭敬有加，为自己的大业效力。然而，祢衡却对曹操的权势和做派极为不屑。为了给祢衡一点颜色，曹操故意让他担任击鼓的小吏。

在一次宴会上，祢衡击鼓为乐。按照当时的礼仪，击鼓者应当更换专门的服饰。祢衡却当着众人的面，脱光了衣服，赤身裸体地站在那里击鼓，以此来表示对曹操的抗议和蔑视。他一边击鼓，一边大骂曹操，数落曹操的种种不是，说曹操名为汉臣，实为汉贼，专权跋扈，欺凌天子。祢衡的言辞犀利无比，曹操及其手下的众臣都被他骂得面红耳赤。

曹操虽然恼怒，但祢衡在当时颇有名气，如果轻易杀了他，会被天下人诟病为不能容人。于是，曹操想出了一个借刀杀人之计。他把祢衡送到了荆州刘表那里，希望刘表能处置祢衡。刘表开始时也对祢衡以礼相待，可祢衡依旧不改狂傲的本性，没过多久就开始对刘表冷嘲热讽。刘表也不想背负杀害贤才的恶名，又把祢衡送到了江夏太守黄祖那里。

黄祖是个武将，性格暴躁。祢衡到了黄祖那里，起初黄祖对他的才学还是很欣赏的，还让他做一些文书之类的工作。可是，祢衡的狂傲终究还是引发了大祸。

一次，祢衡与黄祖发生了激烈的争吵，祢衡又开始口出狂言，辱骂黄祖。黄祖一怒之下，下令将祢衡处死了。

就这样，祢衡这位才华横溢却又狂傲不羁的人，因为自己的怒骂和不知收敛，最终自绝生路，奔赴黄泉。

※ **借古励心志**

在现代社会的职场中，我们常常会遇到有才华的人。就像祢衡一样，他们可能在自己的专业领域有着卓越的才能。然而，才华并不等同于智谋。祢衡空有满腹才华，却因为自己的狂傲，得罪了身边所有的人。所以，成功需控情绪之火，筑能力之基，借平台之势，方能谋得立锥之地。

纪晓岚机智幽默妙对乾隆

◎ 温古知稻粱

纪晓岚，清朝著名的才子，他学识渊博、思维敏捷。

有一次，乾隆皇帝带着纪晓岚等大臣出游。时值春日，繁花盛开，湖光山色美不胜收。乾隆皇帝看到眼前的美景，心中兴起，想要考考纪晓岚的才学。他指着眼前的一片湖水，出了一个上联：“烟锁池塘柳。”

这可不是一个普通的上联，五个字的偏旁分别包含了“金木水火土”五行。

纪晓岚略一思索，看到不远处的一座城镇，城墙上有很多士兵正在巡逻，便对出下联：“炮镇海城楼。”下联同样以“金木水火土”五行做偏旁，而且意境相符，乾隆皇帝听后，龙颜大悦，对纪晓岚的才学更加赞赏。

还有一次，乾隆皇帝在朝堂之上，故意为难纪晓岚。当时天气炎热，乾隆皇帝说：“纪爱卿，朕觉得这天气酷热难耐，你可有办法让朕感到凉爽？”

纪晓岚不慌不忙地回答：“回陛下，微臣可以。陛下您是天子，您想象自己身处冰天雪地之中，必然就会感觉凉爽了。”

乾隆皇帝听后，觉得纪晓岚的回答很有趣，但又不想这么轻易放过他，于是接着说：“纪爱卿，你这是巧言令色，若真能让朕凉爽，那才是真本事。”

纪晓岚灵机一动，拿起旁边的扇子，一边扇一边说：“陛下，微臣给您扇扇风，这风从微臣的学问中来，带着清凉之气，陛下可觉得凉爽些了？”乾隆皇帝被他逗得哈哈大笑，朝堂上的气氛也轻松了许多。

后来，乾隆皇帝和纪晓岚一起微服出巡。他们路过一家饭馆，饭馆里人来人往，十分热闹。乾隆皇帝看到饭馆里有很多文人雅士在吟诗作对，便想让纪晓岚也展示一番。

他对纪晓岚说：“纪爱卿，你看这里这么多文人，你不妨出个上联，让大家对对看。”

纪晓岚点头称是，便出了一个上联：“南通州，北通州，南北通州通南北。”

这个上联看似简单，却巧妙地把地名和方位结合起来，而且“通南北”也有双关之意。饭馆里的文人苦思冥想，却一时无人能对出下联。

纪晓岚见状，微微一笑，自己对出了下联：“东当铺，西当铺，东西当铺当东西。”下联不仅对仗工整，而且同样巧妙地运用了方位词和当铺的功能，众人听后，纷纷赞叹不已。

※ 借古励心志

从个人发展视角看，幽默实为职场晋升的隐形阶梯。纪晓岚以诙谐之语愉悦帝王心，将语言艺术转化为朝堂生存的护城河，这正是把情商智慧转化为发展资本的典范。当代职场人若将幽默视作战略资源：面试时用自嘲化解紧张，谈判时用调侃拉近距离，管理时用玩笑传递批评，实则是在构建个人品牌护城河。幽默感如同精神货币，既能兑换人际信任，又可累积晋升筹码，真正聪明者早将其纳入职业规划的“稻粱谋”中，让笑声成为突破职场天花板的秘密武器。

诸葛亮舌战群儒，智慧与口才的千古传奇

◎ 温古知稻粱

东汉末年，天下大乱，曹操挟天子以令诸侯，在基本统一北方之后，挥师南下，企图一举扫平江南，实现全国的大一统。刘备在当阳长坂坡之战后，狼狈败退，暂居夏口。此时，诸葛亮作为刘备的军师，清醒地知道，要想抵抗曹操的强大攻势，必须联合东吴。于是，他肩负使命出使东吴。

东吴内部对于是否联合刘备抗击曹操存在着严重的分歧。以张昭为首的众多谋士他们或出于对曹操强大实力的畏惧，或对刘备集团的轻视，倾向于投降曹操。

当诸葛亮来到东吴后，便立即展开了联盟谈判。交谈中，张昭作为在东吴德高望重的众谋士之首，带着嘲讽的口吻对诸葛亮说：“昭乃江东微末之士，久闻先生高卧隆中，自比管、乐。此语果有之乎？”

诸葛亮坦然回答：“此亮平生小可之比也。”

张昭紧接着说：“近闻刘豫州三顾先生于草庐之中，幸得先生，以为如鱼得水，思欲席卷荆襄。今一旦以属曹操，未审是何主见？”

这句话意在讥讽刘备在得到诸葛亮的辅佐后，仍然失去了荆州。

诸葛亮却不慌不忙地说：“吾主刘豫州军败于汝南，寄迹刘表，兵不满千，将止关、张、赵云而已。此正如病势尪羸已极之时也，新野山僻小县，人民稀少，粮食鲜薄，豫州不过暂借以容身，岂真将坐守于此耶？夫以甲兵不完，城郭不固，军不经练，粮不继日，然而博望烧屯，白河用水，使夏侯惇、曹仁辈心惊胆裂；窃谓管仲、乐毅之用兵，未必过此。至于刘琮降操，豫州实出不知；且又不忍乘乱夺同宗之基业，此真大仁大义也。当阳之败，豫州见有数十万赴义之民，扶老携幼相随，不忍弃之，日行十里，不思进取江陵，甘与同败，此亦大仁大义也。寡不敌众，胜负乃其常事。昔高皇数败于项羽，而垓下一战成功，此非韩信之良谋乎？夫信久事高皇，未尝累胜。盖国家大计，社稷安危，是有主谋。非比夸辩之徒，虚誉欺人；坐议立谈，无人可及；临机应变，百无一能。诚为天下笑耳！”

诸葛亮这一番话，既阐述了刘备的仁义，又点明了自己的军事才能，还反讽了张昭只会纸上谈兵，让张昭哑口无言。

接着，虞翻站了出来。他说：“今曹公兵屯百万，将列千员，龙骧虎视，平吞江夏，公以为何如？”

诸葛亮冷笑回答：“曹操收袁绍蚁聚之兵，劫刘表乌合之众，虽数百万不足惧也。”

虞翻又说：“军败于当阳，计穷于夏口，区区求救于人，而犹言不惧，此真大言欺人也！”

诸葛亮回应：“刘豫州以数千仁义之师，安能敌百万残暴之众？退守夏口，所以待时也。今江东兵精粮足，且有长江之险，犹欲使其主屈膝降贼，不顾天下耻笑。由此论之，刘豫州真不惧操贼者矣！”虞翻也被驳得无言以对。

随后，步骘、薛综、陆绩等谋士纷纷上阵，他们从不同角度对诸葛亮进行质疑和挑衅，但都被诸葛亮以犀利的言辞、严密的逻辑一一驳回。

最终，诸葛亮以其卓越的智慧、渊博的知识和超群的口才，在东吴的朝堂之上，舌战群儒。

※ 借古励心志

诸葛亮以舌战群儒为刃，将智慧与口才锻造成个人发展的战略武器。此战不仅为刘备集团赢得生存空间，更将诸葛亮推上历史舞台中央，使其从谋士进阶为战略家，完美诠释了将才智转化为发展势能的职场哲学——真正的成功，永远是个人特质与时代需求的精准耦合。

中篇　循势而为

——在变革中寻找发展的机会

第五章
识势奋进，敢于作为，方能出人头地

吕蒙年少勇毅前行，力求显赫出人头地

◎ 温古知稻粱

吕蒙，东汉末年东吴名将，以勇猛善战和勤奋好学著称，是三国时期吴国的重要军事将领，与周瑜、鲁肃、陆逊并称“东吴四英杰”。

早年间，家境不富裕的吕蒙有着一股不服输的勇毅之气。在他十五六岁时，他的姐夫邓当是孙策麾下的将领，那时候，吕蒙就偷偷地跟随邓当的部队去作战。战场上，刀光剑影，喊杀声震天，当邓当发现吕蒙后，大惊失色。打仗结束后，邓当大声呵斥让他回去，可吕蒙却坚定地说：“我能打仗，我不怕死，我要像你们一样杀敌立功。”

邓当无奈，只能带着他。在一次与敌军的遭遇战中，吕蒙毫不畏惧地冲入敌阵。他虽然年少，但作战极为勇猛，手持长刀，左劈右砍，竟斩杀了数名敌军。

然而，邓当回去后将此事告知吕蒙的母亲，希望她能制止吕蒙这种危险的行为。吕蒙的母亲十分生气，想要责罚吕蒙。吕蒙却对母亲说：“如今世道艰难，我们若想过上好日子，就必须在战场上建立功勋。我不想一辈子默默无闻，我有能力杀敌，为何要被束缚在家里？”

母亲听了他的话，被他的决心所打动，最终同意他继续从军。

吕蒙自此更加努力地在军中磨练自己。他虚心向老兵请教作战技巧，学习排兵布阵。他白天刻苦训练，晚上还挑灯夜读兵书。

在军队中，他逐渐崭露头角。每一次战斗任务，他都积极争取，而且总是能出色地完成。他的名字开始在军中被人传颂，大家都知道有一个年少却无比勇毅的吕蒙。

随着时间的推移，吕蒙凭借着自己的努力和才华，不断晋升，从一个小小的士兵，逐渐成为一名将领。他带领着士兵们征战四方，为东吴政权立下了赫赫战功，终于实现了自己年少时出人头地的梦想。

※ 借古励心志

寒门子弟欲破阶层桎梏，当效吕蒙以"稻粱谋"破局：出身贫寒的吕蒙深谙生存智慧，既无祖荫可倚，便将姐夫邓当的军中资历转化为人生跳板。他主动请缨随军历练，在战阵间积累战功资本；借家族亲缘搭建人脉网络，并淬炼为晋升阶梯；更以骁勇善战重塑个人品牌，把沙场功勋兑换成政治筹码。其崛起之路印证：寒门突围需三重精算——识势（洞察身边潜在资源）、借势（将亲情纽带转化为发展杠杆）、造势（用实绩为自身增值）。真正的“稻粱谋”从不是投机取巧，而是将有限资源转化为无限可能的生存哲学。

刘邦，识势者得天下

◎ 温古知稻粱

秦朝末年，苛政猛于虎，百姓苦不堪言，天下已呈大乱之象。

有一次，身为沛县亭长的刘邦押送囚徒去骊山服役。但是在押送途中由于押运人手短缺，不断有囚徒逃亡。对于这种情况，按照当时秦朝的律法，即便将剩下的囚徒送到骊山，自己也难逃罪责。加之他敏锐地察觉到天下大势已变，秦朝的统治根基已经动摇。于是，他决定，放走囚徒，对他们说："你们都逃命去吧，我也从此逃亡。"

刘邦回到沛县后，在萧何、曹参等人的支持下，举起了反秦的大旗。起义容易，但要发展壮大却不容易。刘邦当时力量很是薄弱，单枪匹马很难成大事。

于是，他选择投靠势力较大的项梁。在项梁军中，刘邦积极扩充自己的势力，他结识了许多英雄豪杰，队伍也不断壮大。

那时候，项羽的重心放在了与秦军作战上，而刘邦却看准了关中地区的重要性，因为关中地区土地肥沃，人口众多，且是秦朝的统治中心。如果能够占据这里，对以后队伍的壮大与发展将是非常有利的。所以，在项羽与秦军主力在巨鹿决战时。刘邦则率领军队避开了秦军主力，一路西进，顺利地进入关中。

楚汉相争时期，刘邦的实力远不如项羽。项羽虽然勇猛，但刚愎自用，不得人心。刘邦则广纳贤才，韩信、张良、萧何等人纷纷投靠他。他根据形势，采用张良的计策，在正面战场与项羽对峙的同时，派韩信开辟北方战场，对项羽形成合围之势。

当项羽提出以鸿沟为界，平分天下时，刘邦在张良、陈平的建议下，果断拒绝，继续追击项羽。

最终，在垓下之战中，刘邦联合各方诸侯，击败项羽，登上皇位。

※ 借古励心志

在当代，各行各业竞争愈发激烈，要想生存下去，我们就要懂得以“稻粱谋”精准识势，对于管理者来说，要懂得洞察市场趋势。当市场环境发生变化时，及时调整战略，顺应潮流。对于个人来说，要懂得人心所向，顺势而为，才能在复杂的人际关系中取得成功。

曹操挟天子以令诸侯，掌控大局

◎ 温古知稻粱

东汉末年，董卓之乱后，洛阳遭受到了严重的破坏。宫殿焚毁，房屋倒塌，百姓流离失所。此时的汉献帝在董卓旧部的挟持下，在洛阳过着朝不保夕的生活。

此时的曹操已经有了一定的实力，于是，他的谋士毛玠向他提出了“奉天子以令不臣”的战略构想。曹操也觉得这是一个非常好的策略，因为汉献帝所代表的是汉室正统，在政治上具有很大的影响力，尽管汉献帝此时几乎没有实际的权力，但他的名号仍然具有号召力。

随后，曹操不顾其他势力的虎视眈眈，亲自率领军队前往洛阳。他的这一行动面临着诸多风险，一方面，其他诸侯可能会在途中袭击他；另一方面，他也不确定迎接献帝后能否真正掌控局势。

当曹操到达洛阳时，看到洛阳凄惨景象，很是伤感。甚至汉献帝和他的小朝廷也是缺衣少食，官员们面黄肌瘦。很快，曹操先是稳定了洛阳的局势，随后，他向汉献帝献上了一些急需的物资，并表明了忠心。曾经过着朝不保夕的日子，看到如此慷慨的曹操，汉献帝对曹操变得非常信任。

接着，曹操以洛阳残破、不利于防守为由，建议将都城迁往自己的根据地许昌。此时的汉献帝也没有别的选择，便同意了曹操的想法。

曹操将汉献帝迎接到许昌后，开始了“挟天子以令诸侯”的政治布局。

曹操以天子的名义发号施令，这让他在政治上占据了极大的优势。比如，在征讨袁绍时，曹操的军队被视为王师，而袁绍则被描绘成违抗天子诏令的逆臣。这使得曹操在舆论上先声夺人，许多原本摇摆不定的势力，在天子大义的感召下，或是投靠曹操，或是不敢轻易与曹操为敌。

在军事运营上，他利用天子的名义征兵、征粮，扩充自己的军队。面对袁术称帝这一违背汉室正统的行为，曹操果断出兵讨伐。他的军队士气高昂，因为他们是在为天子而战。曹操在与袁术的战争中，巧妙地运用战略战术，将袁术的军队打得节节败退。

在政治运营上，他以天子的名义选拔人才，吸引了许多有识之士前来投靠。荀彧、郭嘉等谋士，都是看中曹操有天子大义在身，认为他能够匡扶汉室，才投身其麾下。

对此，曹操在许昌建立起了相对稳定的政权，他推行屯田制，发展经济，让饱受战乱之苦的百姓得以休养生息。

曹操通过“挟天子以令诸侯”这一果敢的举措，在乱世中掌控了大局，成为三国时期最具影响力的人物之一。

※ 借古励心志

故事中曹操之所以能够成功，一方面他深刻明白“势”的重要性，从而成功运用了“借势”而为的策略，利用天子的名义占据了道德和发展的优势。在个人发展中，这一点非常重要，能够让我们做事事半功倍。另一方面，他敢于作为，在“识势”的同时，敢于行动。所以，他最终实现了其稻粱谋的破局与壮大。

苏武不负使命归来，朝廷委以重任

◎ 温古知稻粱

西汉时期，汉匈关系复杂多变。汉武帝为了巩固边疆关系，选派苏武出使匈奴。苏武明白此行意义重大，他带着汉朝的友好意愿与使命，踏上了前往匈奴的征程。

苏武到达匈奴后，本是为了传递和平的信息，促进双方的交流与和解。然而，匈奴内部的政治斗争却将他卷入了一场阴谋之中。匈奴单于企图利用苏武来打击汉朝的威望，他们先是以各种优厚的条件引诱苏武投降。面对金银财宝、高官厚禄的诱惑，苏武不为所动。他心中牢记自己的使命，那就是维护汉朝的尊严，传递汉朝的善意，他深知一旦投降，不仅自己会成为千古罪人，更会让汉朝在外交上蒙羞。

单于见苏武不为利诱所动，恼羞成怒，决定对他施加残酷的刑罚。苏武被囚禁在一个阴暗寒冷的地窖之中，没有食物，没有水，只有无尽的寒冷与孤寂。但苏武敢于作为，他没有消极地等待死亡，而是积极地寻找生存的机会。他从地上抓起一把把雪，塞进嘴里解渴；扯下身上的羊皮袄，一点点地吞食充饥。这种顽强的求生意志，源于他对使命的执着。他清楚自己必须活着，必须回到汉朝，向皇帝复命。

匈奴人不甘心放过苏武，又将他流放到北海（今贝加尔湖）边。在那荒无人烟的地方，苏武面临着更为严峻的考验。他的任务是放牧公羊，而单于宣称要等到公羊产奶才能让他归汉，这分明是一种不可能实现的刁难。但苏武没有放弃，他在北海边安营扎寨。他每天手持汉朝的旌节，那旌节仿佛是他与汉朝联系的纽带，是他使命的象征。他在严寒中寻找食物，掘鼠洞取食鼠粮……

在北海的漫长岁月里，虽然远离汉朝，但苏武时刻都在准备着完成自己的使命。他相信，总有一天他会回到汉朝。

十九年后，汉朝与匈奴的局势发生了变化。汉朝在汉武帝之后继续发展，国力强盛，匈奴单于不得不重新审视与汉朝的关系。此时，汉朝要求匈奴归还扣押的使者，其中就包括苏武。经过一番周折，苏武终于踏上了归汉的路途。

当苏武回到长安时，他那饱经风霜的面容、褴褛的衣衫和依然紧握着的旌节，让所有人为之动容。百姓们夹道欢迎这位英雄的归来，朝廷也对苏武的归来高度重视。

他的敢于作为、不负使命的精神让他成为汉朝的楷模。朝廷委以他重任，任命他为典属国，负责处理少数民族事务。

※ 借古励心志

苏武的精神及最终的成功，一方面是他在绝境中将坚守气节转化为个人品牌的体现；另一方面是他通过十九年持节不渝，将苦难淬炼成政治稀缺资源。这个故事告诉我们，要想在不幸中突围，需要我们将困境视为战略机遇期，用原则坚守构筑竞争壁垒，以时间换空间，待时机成熟时，过往的坚持皆成晋升阶梯，终将逆境转化为个人发展的核动力。

张骞出使西域，开通西域的开拓者

◎ 温古知稻粱

西汉初期，匈奴势力强大，时常侵扰汉朝边境，汉朝与西域各国之间的联系也被阻断。汉武帝刘彻登基后，决心改变这种局面，他渴望与西域各国联合，共同对抗匈奴，于是决定派遣使者出使西域。

张骞，这位勇敢无畏的汉中郡人，挺身而出，担当起这一艰巨而伟大的使命。张骞率领着一百多人的使团从长安出发。他们一路西行，然而刚刚进入河西走廊，就遭遇了匈奴骑兵。张骞一行寡不敌众，被匈奴俘虏。

匈奴单于为了让张骞投降，对他威逼利诱，给他许以高官厚禄，还为他娶妻生子。但张骞心中始终牢记着自己的使命，他在匈奴的囚禁下度过了漫长的十年。这十年间，他虽然身处敌营，但一刻也没有忘记汉朝的任务，他暗中观察匈奴的地形、军事部署以及风俗习惯，等待着逃脱的机会。

终于，张骞趁匈奴看守松懈之时，带领着部分随从逃离了匈奴的控制。他们继续西行，穿过荒无人烟的沙漠，翻过白雪皑皑的高山，克服了难以想象的困难，终于到达了大宛国。大宛国国王听闻汉朝的繁荣，对张骞一行热情款待，并帮助他们前往康居，再由康居辗转到达大月氏。

可是，此时的大月氏已在阿姆河流域安居乐业，不愿再与匈奴为敌。张骞在大月氏停留了一年多，详细考察了当地的政治、经济、文化等情况。尽管没有达成与大月氏联合抗击匈奴的目的，但他在返回途中，又深入了解了西域各国的情况。

然而，归途中张骞再次被匈奴俘虏，又被扣押了一年多。直到匈奴内部发生内乱，他才趁机带着妻子和助手甘父逃回长安。此时，距离他出发已经过去了十三年，出发时的一百多人，只剩下他和甘父两人。

张骞的归来，为汉朝带回了大量关于西域的信息。他详细讲述了西域各国的地理位置、人口、物产、风俗习惯以及军事力量等情况。这让汉朝对西域有了前所未有的认识，为汉朝开辟通往西域的道路奠定了坚实的基础。此后，汉朝与西域各国开始频繁往来，丝绸之路逐渐形成，东西方的贸易和文化交流日益繁荣。

※ 借古励心志

张骞出使西域，秉持“谋定后动”的理念，以联合大月氏抗匈的战略远见破局，在绝境中习匈奴语，将文化差异转化为资源；在十三年的坚持下，以生存韧性支撑至使命的达成。这个故事告诉我们：成功需以生存为根基，将务实策略与长期主义结合，在变局中构建人脉网络，方能突破瓶颈，最大化的实现个人价值及长远的“稻粱谋”。

郑和主动承担远航重任，七下西洋的航海先驱

◎ 温古知稻粱

明朝初期，明成祖朱棣登基之后，胸怀壮志，欲“宣威海外”，向世界展示大明帝国的繁荣昌盛与强大国力。然而，这一任务需要一位优秀的航海人来担任，此时，郑和出现了。

郑和自幼聪明伶俐，有勇气、有胆识。小的时候在战乱中被明军掳入宫中成为太监，但他并没有被命运的坎坷所打倒，在宫中努力学习各种知识，包括航海知识、天文地理、外交礼仪等。

机会往往是给有准备的人，在听说朱棣筹备远航之事后，郑和非常兴奋，他觉得这是上天赐予他一次展示才华、实现抱负的机会。当时的明朝，经过太祖朱元璋时期的休养生息，国力已经相当雄厚，无论是经济、军事还是文化都处于世界领先水平。但海外各国对大明的了解还十分有限，通过远航，可以让更多国家认识大明，建立友好关系，同时也能探索未知的世界，拓展贸易渠道。所以，“宣威海外”是一次展现国家力量的机会，同时，也是让执行者名留千古的机会。

于是，郑和主动向朱棣请缨，承担远航的重任。

朱棣看到了郑和身上的坚定决心、丰富知识以及卓越的领导才能。郑和不仅熟悉航海相关的技术，而且他为人沉稳、机智，具备外交家的素养，为此，同意了郑和的请求。

郑和组织了一支庞大的舰队，宝船巨大而坚固，船上配备了先进的航海设备。他还招募了众多技艺精湛的水手、士兵、工匠和翻译人员等。

在远航的准备过程中，郑和精心规划航线，研究各地的风土人情，以便更好地开展外交活动。

郑和率领着他的舰队从刘家港出发，开启了第一次伟大的远航。这支舰队浩浩荡荡，犹如海上巨龙。在航行过程中，郑和展现出了卓越的领导能力，当遇到海盗袭击时，他镇定自若，指挥士兵英勇作战，击败海盗，保障舰队的安全。当到达各个国家时，郑和以大明使者的身份，向各国国王和人民展示了大明的国威。他带去了精美的丝绸、瓷器、茶叶等礼物，这些物品让各国人民惊叹不已。同时，他也从各国带回了许多珍稀的物品，如香料、珠宝等，促进了中外的贸易往来和文化交流。

郑和的远航持续了多次，他的足迹遍布东南亚、南亚、西亚甚至东非等地。他的远航不仅实现了明成祖“宣威海外”的目标，让大明的威名远扬海外，也促进了世界各国之间的相互了解，为世界航海史和文化交流史留下了浓墨重彩的一笔。而郑和，也因为他的勇敢、智慧和担当，成为了中国航海史上的传奇人物。

※ 借古励心志

从命运坎坷的宫中太监到七下西洋的航海传奇，郑和的人生转折恰是“稻粱谋”智慧的生动注脚。当永乐帝欲扬威海外时，他敏锐捕捉到与个人抱负的契合点——以皇家漕运为舟楫，借帝王雄心为东风，将命运洪流化作突破阶层的通途。这启示当代奋斗者：真正的发展从不是与命运角力，而是如庖丁解牛般洞察时势脉络。职场浮沉中，识势者能于迷雾中见通途，借势者可将平台资源转化为个人阶梯，造势者更可化被动为主动。当个人志向与时代浪潮同频共振，方能实现从“谋稻粱”到“定乾坤”的跨越。

适势善断武则天，从才女到女皇的逆袭

◎ 温古知稻粱

14 岁的武媚娘踏入了太极宫，这个荆州商贾之女，在“五姓七望”垄断的后宫本无胜算，却用一场惊世骇俗的对话改写了命运。

当唐太宗指着烈马问她如何驯服时，她答：“一用铁鞭打，二用铁棍敲，三用匕首杀。”朝臣斥其“暴戾”，她却看透了深宫生存法则：在绝对权力场，示弱只会沦为猎物，崭露锋芒才能赢得入场券。

唐太宗驾崩后，按照惯例，武则天被送往感业寺削发为尼。这看似是她人生的绝境，但武则天却没有放弃。当王皇后为制衡萧淑妃接她回宫时，朝臣只见“妇人间争宠”，她却洞察到宫廷内部的权力动态。

王皇后为了打压萧淑妃，需要将武则天召回宫中。而武则天需要回到宫中完成心中所愿。就这样，武则天的初步目标达成了，王皇后也完成了自己的初步策略。

回宫后的武则天，面临着更为复杂的局势。她知道自己必须小心谨慎地在王皇后和萧淑妃的争斗中站稳脚跟。她一方面对王皇后表现得恭顺有加，另一方面又暗中积攒自己的势力。她开始结交宫中的宫女、太监，通过他们了解宫廷中的各种消息。同时，她利用自己的美貌和智慧，逐渐赢得了唐高宗的宠爱。

随着时间的推移，武则天的势力逐渐壮大，她开始有了更大的野心。她看到唐高宗体弱多病，对朝政的掌控力逐渐减弱。为此，她利用这个时机，开始参与朝政，而且让大臣们没想到的是，她有着卓越的政治才

能，处理政务时果断而睿智。积极推行一些有利于民生的政策，如减轻农民的赋税等，赢得了一部分官员和百姓的支持。

然而，她的崛起引起了朝中许多大臣的不满，他们认为女子干政违背了祖宗家法。面对来自各方的压力，武则天没有妥协，她开始有计划地打击那些反对她的势力，比如利用酷吏来镇压异己，同时，也选拔了一些有才能的官员为自己所用。

在唐高宗去世后，武则天的儿子即位，但她并没有将权力真正交给儿子。她通过一系列手段，最终登上了皇帝的宝座，改国号为周，成为中国历史上唯一的女皇帝。

※ 借古励心志

从寒微才人到九五之尊的蜕变，武则天深谙“势”的辩证法。这个木商之女用四十年光阴证明，真正的成功从不是与命运博弈，而是如春蚕织茧般，将每个生存困境转化为破茧的势能。当代，我们要明白，识势如观天象，借势似顺水舟，唯有将每次谋稻粱的务实，沉淀为改变规则的势能，那么就能完成从蝼蚁到巨树的质变。

“晚清第一硬汉”左宗棠，从“落榜书生”到民族英雄

左宗棠出生于湖南，自幼饱读诗书，心怀报国之志，一心渴望通过科举踏上仕途，实现自己经世致用的理想。然而，命运似乎一开始就对他设下重重考验，科举之路异常坎坷，多次参加考试，却屡屡落榜。

但左宗棠并未被科举的失败所击垮，身处那个内忧外患的时代，他敏锐地察觉到天下局势的动荡不安。当时，太平天国运动风起云涌，清

军在其攻势下节节败退，整个南方陷入一片混乱。

于是，他开始投身于地方军政事务，最初协助湖南巡抚张亮基治理湖南。他积极组织地方团练，加强城市的防御工事，精心训练士兵。在他的谋划下，湖南在太平天国强大的军事压力下得以坚守，这一成果让左宗棠开始崭露头角。

之后，左宗棠通过曾国藩的举荐，率领楚军参与到对太平天国的战争中。他了解到太平军作战灵活、擅长运动战的特点，于是采取稳扎稳打的战术。每到一处，他先巩固己方的阵地，确保后勤补给线的安全，然后逐步向前推进。在作战过程中，通过分析地形和敌军的部署，灵活调整战略战术，多次击败太平军，为平定太平天国运动立下赫赫战功。

19 世纪中叶，新疆面临着前所未有的危机，沙俄和英国支持阿古柏入侵新疆，新疆大片土地沦陷。而此时清政府内部对于是否收复新疆产生了巨大分歧。李鸿章等主张放弃新疆，将精力集中于海防。

左宗棠却认为，新疆有着非同寻常的战略位置，他是中国西北的门户，一旦失守，西北边疆将永无宁日，蒙古、陕西等地也会受到直接威胁，进而危及整个华北地区。于是，不顾自己年事已高，左宗棠毅然地决定西征。

在西征途中，他根据新疆的地理环境和敌军的分布情况，制定了“先北后南”“缓进急战”的战略。新疆地域辽阔，自然条件恶劣，但左宗棠的军队凭借着顽强的意志和出色的军事指挥，一路势如破竹。他们克服了沙漠、雪山等重重困难，最终成功收复新疆，捍卫了中国的领土完整。

※ 借古励心志

从寒门布衣到封疆大吏，左宗棠的人生跃迁是“稻粱谋”的典范演绎。他的故事告诉我们：真正的“识势”不是追逐风口，而是穿透迷雾看见本质；真正的“奋进”不是盲目努力，而是让每个行动都成为时代拼图的一部分。

在当今这个时代，比选择赛道更重要的是找到属于这个时代的真问题；比出人头地更珍贵的是在奋进中实现生命与时代的共鸣。

第六章
审时度势，灵活应变，宏愿可期

诸葛亮借东风，顺应天时，巧借外力

◎ 温古知稻粱

建安十三年冬，赤壁北岸的曹营战船如黑云压城，曹操率领着号称八十万的大军南下，妄图一举扫平江南，实现统一天下的宏愿。孙权与刘备联军，虽然兵力远逊于曹操，但凭借长江天险，在长江赤壁一带布防，准备与曹操一决雌雄。

诸葛亮，这位被刘备三顾茅庐请出山的智者，在孙刘联军中担任着重要的军师角色。联军虽然在长江上与曹军对峙，但曹操的军队大多是北方人，不习水战，为了解决这个问题，曹操命人将战船用铁链首尾相连，这样一来，战船在江面上就如履平地，可这也给联军提供了可乘之机。

东吴都督周瑜计划采用连环火攻之计，但他们面临着一个严峻的问题，那就是风向。当时正值冬季，盛行西北风。如果用火攻，火势必然会逆风烧向自己一方。周瑜作为东吴的大都督，深知这一情况，为此心急如焚，甚至口吐鲜血，卧病在床。

诸葛亮深知天文气象之学，他观察天象，发现长江一带冬季虽然多西北风，但在特定的时间会有东南风出现。他心中已有了借东风的妙计。

当周瑜为风向之事一筹莫展时，诸葛亮前去探望。他对周瑜说自己能借来东风。周瑜半信半疑，但此时也没有别的办法，只能让诸葛亮一试。诸葛亮让士兵们在南屏山筑起七星坛，他身披道袍，手持宝剑，登坛作法。

其实，诸葛亮并非真的是在作法求风，他只是利用自己对天文气象的精确掌握，算准了东南风即将到来的时间。他在七星坛上看似神秘的举动，不过是为了迷惑众人，增加一种神秘的氛围。

终于，在诸葛亮的期待中，东南风如期而至。江面上，风势渐强，吹向曹军的战船。周瑜见东风已起，立刻下令黄盖率领装满易燃物的战船向曹军诈降。当黄盖的战船靠近曹军时，他下令点火，火势借着东南风迅速蔓延。曹军的战船因为相连，无法逃脱，一时间，曹军战船陷入一片火海，曹军大乱。

孙刘联军趁势出击，曹操的大军在赤壁遭受了惨重的失败。这一战，奠定了三国鼎立的雏形。诸葛亮借东风这一神奇的举动，成为历史上的经典。

※ 借古励心志

从我们现在的观点来看，诸葛亮观天象如当下识势，要善于把握时代发展的趋势；借东风如当下借助有利的外部条件。做到像候鸟迁徙一样，与时代风向同频，将有助于我们更快实现人生理想。

商鞅变法图强，因时而动，改革兴邦，成就自己

◎ 温古知稻粱

战国时期，由于秦国贵族势力强大，且把持着大量土地和财富，百姓贫穷，经济落后，国家发展受到了严重的束缚。与东方的齐、楚等大国相比，在政治、经济、军事等各方面都较为落后。

商鞅，本是卫国人，他胸怀大志，对法家的治国理念深信不疑，认为只有通过严刑峻法和彻底的改革才能使国家强大。他听闻秦国的秦孝公颁布求贤令，广纳天下贤才，于是西行入秦。

商鞅初到秦国，并没有立刻得到重用。他通过秦孝公的宠臣景监的引荐，才得以面见秦孝公。第一次见面时，商鞅大谈帝道，秦孝公听得

昏昏欲睡，认为这些理念过于迂腐，不切实际。第二次，商鞅又讲王道，秦孝公依旧不感兴趣。直到第三次，商鞅畅谈霸道，也就是以法治国、富国强兵的理念，秦孝公听得入神，两人畅谈数日，秦孝公认定商鞅就是能帮助秦国变革的那个人。

商鞅十分清楚，秦国的旧有制度已经根深蒂固，要想推行变法，必须先打破贵族势力的阻碍。他与秦孝公商议后，决定先立威。于是，就有了著名的“徙木立信”的故事。

商鞅在都城南门立下一根三丈长的木头，宣布如果有人能将这根木头搬到北门，就赏赐十金。百姓们开始都不相信。商鞅见状，把赏金提高到五十金。终于有一个胆大的人站了出来，将木头搬到了北门，商鞅立刻兑现承诺，赏赐了他五十金。这件事传遍了秦国，让百姓们认识到商鞅是一个言出必行的人，为变法奠定了信任的基础。

变法的内容涉及秦国的方方面面。在经济上，商鞅废除井田制，承认土地私有，允许土地买卖，这极大地激发了农民生产的积极性。农民们为了自己的土地，努力耕种，粮食产量大幅提高。同时，商鞅还推行重农抑商政策，鼓励百姓从事农业生产，对商业进行一定的限制，使秦国的农业根基更加稳固。

在军事上，商鞅推行军功爵制。不论出身贵贱，只要在战场上杀敌立功，就能获得爵位和相应的赏赐。这一制度打破了贵族世袭的传统，让普通百姓有了晋升的机会。秦国的军队因此充满了斗志，士兵们为了爵位和赏赐，在战场上奋勇杀敌，秦军的战斗力迅速提升。

在政治上，商鞅建立县制，由国君直接派官吏治理地方，加强了中央集权。同时，他制定了严格的法律，轻罪重罚，以法治国。秦国上下，从贵族到百姓，都要遵守法律，任何人都不能例外。

商鞅的变法触动了贵族的利益，他们对商鞅恨之入骨，千方百计地想要破坏变法。但由于秦孝公对商鞅的全力支持，变法得以持续推行。经过多年的变法，秦国发生了翻天覆地的变化。秦国的经济繁荣，军事强大，逐渐成为战国七雄中的强国。商鞅也因此崛起，成为秦国走向统一的重要推动者。

※ **借古励心志**

在现代社会，个人如同商鞅身处战国变革之世。商鞅的“稻粱愿”是通过“变法”使国家强大，虽然在变法中遇到了重重阻碍，但他在不惧中成就了自己。同样，在当代，要实现我们的“稻粱愿”，个人发展中也会遇到诸多传统观念或固有框架的束缚与挑战，我们应坚定信念，勇于创新突破，不断提升能力，借时代发展的“东风”，积极适应变化，以改革创新的精神去成就自己的理想。

杨坚审时度势以应变，建立隋朝的传奇之路

◎ **温古知稻粱**

南北朝时期，天下纷争，政权林立，百姓生活在动荡不安之中。此时，北周武帝宇文邕一心想要统一北方，从而加强中央集权。因此，朝廷内部各势力为了争夺资源，斗争激烈，相互倾轧。

杨坚出生于北周的一个贵族家庭，他的家族当时在北周有着显赫的地位。此外，由于杨坚本人相貌奇特，据说有帝王之相，这引起了北周皇室宇文邕的猜忌。

很多次，北周皇帝都想置杨坚于死地，杨坚也知道这一点，所以，他行事低调，做人谦逊，对皇帝表现得极为忠诚。

有一次，杨坚主动请缨参加对北齐的战争，并获得了胜利。在朝堂上论功行赏时，皇帝问他想要什么赏赐。杨坚说：“我之所以取得胜利，

都是皇帝您领导有方，才使得将士们能够英勇作战，击退敌人，如果说功劳，那都是皇帝您的功劳啊！”

皇帝见杨坚表现得如此忠诚，也不好在为难他，渐渐地，皇帝对杨坚的猜忌也少了几分。

北周宣帝宇文赟继位后，他性情乖张、多疑残暴。杨坚的女儿杨丽华成为皇后，杨坚作为国丈，本应荣耀无比，但宇文赟却对杨坚心怀不满，认为杨坚对自己的皇位构成威胁。

宇文赟曾多次故意刁难杨坚，甚至有一次在朝堂上对杨坚大发雷霆，想要当场处死他。杨坚知道此时如果表现出愤怒或者反抗，必然会被皇帝借机杀害。于是，他强忍着内心的恐惧和愤怒，他向皇帝伏地请罪，声称自己对皇帝忠心耿耿，绝无任何不轨之心。

之后很多次，宇文赟派人监视杨坚的一举一动。杨坚觉察到后，故意在家中表现出沉迷于声色犬马的样子，让监视者认为他胸无大志，只是一个贪图享乐的人，从而减轻了宇文赟对他的警惕。

天有不测风云，时代变化也是如此，宇文赟突然驾崩，年幼的静帝宇文阐继位。此时，北周朝廷内部人心惶惶，各方势力蠢蠢欲动。

杨坚审时度势，认为这是一个夺取皇位千载难逢的机会，于是，开始采取行动。首先，他以辅政大臣的身份进入权力核心，拉拢了一些关键的文臣武将，如郑译、刘昉等人。这些人在朝廷中有着一定的影响力，他们看到杨坚的能力和威望，表示愿意支持杨坚掌握政权，并对外宣称自己是为了稳定北周的局势才出来主持大局。

其次，他巧妙地控制了朝廷的军政大权，将反对自己的势力逐步排除在外。例如，他通过调整军队的部署，将自己信任的将领安排到关键的岗位上，同时对一些可能反对自己的皇族成员进行监视和限制，为自己最终夺取皇位奠定了坚实的基础。

最后，在彻底掌控北周的局势后，杨坚认为改朝换代的时机已经成熟。公元581年，杨坚逼迫静帝禅位，建立了隋朝。

※ 借古励心志

杨坚建立隋朝堪称传奇。从个人发展到成功的角度看，是个人“稻粱谋”的典型。当时北周局势动荡，杨坚审时度势，敏锐觉察到时代变革的契机，此为顺应天时。他巧妙借助各方势力，如拉拢部分贵族，稳定局势，这是巧借外力。杨坚懂得在复杂的政治环境中权衡利弊，把握机遇，积极应变。这启示我们，在个人发展追求成功时，要像杨坚一样，精准判断局势，善用外部资源，积极应对变化，才能走向成功。

刘邦约法三章，洞悉百姓需求的智慧之举

◎ 温古知稻粱

秦朝末年，天下大乱，各路义军纷纷崛起反抗暴秦。刘邦率领着自己的军队一路西进，目标直指关中。

当刘邦的军队进入关中地区时，秦王子婴投降。刘邦的大军进驻咸阳城，这是一个繁华却又刚刚经历了秦朝苛政的城市。士兵们看到咸阳城中的财富和美女，许多人都有了抢夺的心思，毕竟一路征战，他们渴望得到回报。然而，刘邦却有着与众不同的眼光。

刘邦了解到，百姓在秦朝的严刑峻法下苦不堪言，秦朝的法律繁杂苛刻，百姓稍有不慎就会触犯法律，遭受重刑，长期以来，百姓们生活在恐惧和压迫之中。

要想管理好这个地区，赢得百姓的信任与爱戴，就需要给百姓真正的安定以及公平和宽松的生活环境。于是，他召集关中地区的百姓，当众宣

布了著名的“约法三章”：“杀人者死，伤人及盗抵罪。余悉除去秦法。”

这简单的三条法令，却如同一道曙光，照亮了关中百姓黑暗已久的心田。首先，“杀人者死”明确了对最严重罪行的惩处，维护了基本的社会公义，保障了百姓的生命安全。尤其是在那个战乱的年代，可能会出现一些暴力和混乱的情况，这条法令能够对那些企图随意剥夺他人生命的人形成强大的威慑力，保障了百姓的生命安全

其次，“伤人及盗抵罪”规范了对于伤害他人和盗窃行为的处罚，让百姓知道自己的人身和财产安全有了保障。对于“伤人”的规定，涵盖了对他人身体造成伤害的各种行为。比如，在集市上发生的打架斗殴事件，如果造成他人受伤，那么伤人者就要按照规定受到相应的惩处。“盗抵罪”则是针对盗窃行为，这条规定确保了百姓的财产安全，让盗贼不敢轻易行窃。

最后，而“余悉除去秦法”更是让百姓从繁重的法律枷锁中解脱出来。百姓在秦朝的统治下，面临着众多的法律约束，稍有不慎就可能触犯法律。例如，秦律对百姓服徭役、缴纳赋税等方面都有严格的规定，

甚至连百姓日常的言行举止都有诸多限制。这条法律大大减轻了他们的心理负担，也体现了刘邦对百姓需求的深刻理解。

刘邦的约法三章，让关中百姓看到了希望。原本担惊受怕的百姓们，开始对刘邦的军队充满了好感。他们纷纷拿出家中的食物和酒来犒劳刘邦的士兵，而刘邦也下令士兵不得接受百姓的馈赠，以显示自己军队的纪律严明。这一举措，使得刘邦在关中地区迅速赢得了民心。相比之下，项羽进入关中后，大肆烧杀抢掠，他的行为与刘邦形成了鲜明的对比。

刘邦凭借约法三章，奠定了自己在关中地区的群众基础。这一基础在他日后与项羽争夺天下的过程中发挥了至关重要的作用。百姓们愿意支持刘邦，为他提供物资和人力，因为他们相信刘邦能够给他们带来一个更好的生活。

※ 借古励心志

刘邦“约法三章”是其走向成功的智慧之举。当时百姓饱受秦法严苛之苦，刘邦洞悉百姓需求，此为审时。他约法三章，简单明确地给予百姓安定的希望，这是借民心之力。刘邦深知百姓的支持是成功的关键力量，于是顺应民意。这告诉我们，在个人发展中，要像刘邦一样洞察周围需求，顺应大势，巧妙借助大众力量，满足他人需求的同时也为自己的成功奠定坚实基础。

朱元璋看清别人需求，访贤得三策

◎ 温古知稻粱

元末时期，天下大乱，朱元璋崭露头角，兵强马壮，已占有一席之地。但自古以来，紧紧依靠武力成就大业称霸天下是很难实现的，除了勇还需要智慧与谋略。这一点，朱元璋非常清楚，于是，开始了四处访贤之路。

有一次，有人向他推荐了一位隐士，名叫刘伯温，此人智谋超群，对天下大势有着独到的见解，如果能够得到他的指点，成就大业必将事半功倍。但他又了解到，此人性格孤傲，虽然是一个正义有情义之人，但一直都不愿意卷入乱世纷争之中，所以，要想得到他的指点并不是一件容易的事情。

朱元璋对刘伯温做了进一步了解后得知，他是一个有着远大抱负的人，也非常看重自己的观点。了解到这些后，朱元璋便决定亲自去拜访刘伯温。他带着诚意，跋山涉水来到刘伯温的住所。

朱元璋见到刘伯温后，没有丝毫的架子，诚恳地说："先生，如今天下大乱，百姓受苦，我欲平定天下，然深感自身谋略不足，还请先生教我。"

刘伯温看到朱元璋如此真诚，而且对受苦的百姓如此重视，心中已有几分赞许，决定与他一谈。

他沉思片刻，提出了第一策："高筑墙。"

朱元璋疑惑地看着刘伯温，刘伯温解释道："如今各方势力割据，根基不稳者很容易被他人吞并。要先巩固自己的地盘，修筑坚固的城墙，让自己有一个稳定的后方，这样才能进可攻，退可守。"

朱元璋听后，恍然大悟，连连点头。

看到朱元璋如此认可自己的意见，接着，刘伯温又说出第二策："广积粮。"他指出，战争最离不开的就是粮草。不管是招募士兵还是稳定军心，充足的粮草都是关键。

朱元璋想起自己以往征战时，也常常因粮草不足而烦恼，深知这一策的重要性。当即表示会重视农业生产，鼓励百姓开垦荒地，囤积粮草。

然后，刘伯温说出了第三策："缓称王。"

刘伯温分析说，现在各方势力都想称帝，过早地称王只会成为众矢之的。不如先默默发展自己的势力，在暗中扩充军备、招揽人才，等时机成熟时再称帝也不迟。

朱元璋听后，对刘伯温佩服得五体投地。

朱元璋得到这三策后，如获至宝。他回到自己的营地，便开始按照刘伯温的策略行事。他大力加强自己根据地的防御工事，积极组织百姓开垦农田，同时在各路诸侯纷纷称王称帝时，他依然低调行事，只是默默地发展自己的力量。

刘伯温为什么会给朱元璋出谋划策？主要原因是朱元璋了解到了刘伯温的脾性，审时度势后，放下了君王的架子，满足了刘伯温的心理需求。刘伯温作为一个有大才的谋士，他所需要的是一个能够尊重他的意见、有远大抱负并且能够付诸实践的主公。朱元璋正好满足了他的这些需求。

※ 借古励心志

俗话说"一个好汉三个帮，一个篱笆三个桩"，在实现人生理想的道路上，单打独斗很难成大事，因此，我们需要寻找一些互帮互助的人。而要想得到他人的协助，首先我们要看清对方的需求并满足他们，这样，对方才有可能成为你发展历程中的得力帮手。

放长线钓大鱼，"奇货可居"吕不韦

◎ 温古知稻粱

在战国时期，有一位极具商业头脑和政治眼光的人物叫吕不韦，他本是卫国的商人，往来各地做生意，通过低买高卖积累了一定的财富。

一次，吕不韦到赵国的邯郸做生意，他偶然遇见了秦国留在赵国的人质——异人。异人是秦昭襄王之孙，太子安国君之子。当时的异人，在赵国的境遇十分凄惨。由于秦赵两国关系紧张，异人被赵国当作人质，备受冷遇，生活困窘，连出行的车马和日常生活都很寒酸。

面对这样一个看似“无用”的异人，吕不韦灵光一现，却看到了一个绝好的发展机会，他心中暗自盘算：“此奇货可居。”

吕不韦认为，秦国在战国诸侯中具有较强大的地位，若能在秦国的王位继承上做一番文章，那所获得的利益将远远超过他在商业上的成就。

所以，吕不韦决定投资异人，他先是主动接近异人，给予他大量的金钱，让他改善生活，广交宾客。异人对吕不韦的慷慨相助感激涕零，吕不韦趁机对异人说出了自己的计划：“秦王已老，安国君为太子。我听说安国君最宠爱华阳夫人，而华阳夫人没有儿子。您兄弟二十余人，您又排行居中，且长期质于赵，一旦大王薨逝，安国君继位为王，您根本没有机会被立为太子。我吕不韦虽不富有，但愿意拿出千金为您西入秦游说华阳夫人，立您为嗣。”

异人听后，对吕不韦拜谢不已，并承诺若计划成功，愿与吕不韦共享秦国。

随后，吕不韦带着厚礼来到秦国，他先拜见了华阳夫人的弟弟阳泉君。吕不韦向阳泉君分析了秦国的局势，指出阳泉君如今的富贵全仰仗华阳夫人，但华阳夫人无子，一旦安国君继位，华阳夫人失势，阳泉君的荣华富贵也将化为泡影。

阳泉君听后大惊，忙向吕不韦请教对策。吕不韦趁机推荐异人，说

异人贤能，且在赵国日夜思念安国君和华阳夫人，若华阳夫人收异人为子，立他为嗣，异人必定感恩戴德，华阳夫人也能在日后保住地位。阳泉君觉得吕不韦所言极是，便带着吕不韦去见华阳夫人。

华阳夫人听了吕不韦的一番说辞后，心动不已。她开始向安国君吹枕边风，诉说异人如何贤德，又提及自己无子的悲哀，希望安国君能立异人为嗣。安国君经不住华阳夫人的软磨硬泡，最终答应了她的请求，立异人为嗣子。

吕不韦回到赵国后，又为异人谋划，让他在赵国广结贤才，提高自己的名声。

后来，秦昭襄王去世，安国君继位，华阳夫人被立为王后，异人被立为太子。赵国为了交好秦国，将异人送回秦国。安国君在位不久便去世，异人继位，为庄襄王。庄襄王履行承诺，封吕不韦为丞相，吕不韦从此权倾朝野，实现了他“奇货可居”的构想，从一个商人成为秦国的权臣，他的财富和地位达到了前所未有的高度。

※ 借古励心志

吕不韦的“奇货可居”是其走向成功的独特谋略。当时异人在赵国处境不佳却身份特殊，吕不韦看准这一形势，此为审时度势。他把异人当作“奇货”，耗费大量资源去投资，这是放长线钓大鱼，巧借异人这一潜力股的力量。这启示我们，在个人发展中，要有长远眼光，善于发现潜在价值，即使前期投入巨大，只要看准时机，巧妙借助有潜力的人和事，就能在未来收获巨大成功。

第七章
懂势谦行成大道，顺势而为稻丰盈

东汉将军冯异，口不言功自谦逊

◎ 温古知稻粱

在东汉光武帝刘秀的麾下，有一位战功赫赫的将军，他叫冯异。

冯异自跟随刘秀起，便展现出非凡的军事才能。在刘秀初起之时，冯异负责镇守战略要地孟津。当时，刘秀的势力还在发展之中，面临着诸多的敌人。冯异深知这个位置的重要性，也明白自己责任重大，绝不可丢失。为此，他精心布置防御，训练士兵，运用战术，使得孟津固若金汤。

在一次与敌军的大战中，他率领着军队巧妙运用战术，先是佯装败退，诱敌深入。敌军以为冯异的军队不堪一击，便放松了警惕。然而，冯异早已在周围设下伏兵。当敌军进入包围圈后，冯异一声令下，伏兵四起，将敌军打得落花流水。

这一战，冯异缴获了大量的军械物资，斩杀了众多敌军，极大地削弱了敌人的力量，为刘秀的势力扩展奠定了坚实的基础。

取得阶段性胜利后，当刘秀犒赏三军论功行赏之时，冯异却默默地退到了一旁。而其他将军却争着诉说自己的战功，吹嘘自己在战场上的英勇表现。只有他独自站在大树下，思考着如何进一步为刘秀的大业效力。因此，他被军中将士们亲切地称为“大树将军”。

有一次，刘秀亲自召集众将，让他们各自讲述自己的功绩，以便合理地分配赏赐。将领们一个接一个地站出来，滔滔不绝地讲述自己在战斗中的英勇事迹，如何冲锋陷阵，如何以少胜多等。轮到冯异时，他只是简单地说道：“这些胜利都是陛下的英明领导，以及众将士齐心协力的结果，臣只是尽了自己的一份微薄之力，不敢居功。”

虽然冯异非常的谦逊，但是，谦逊并没有使他的功绩被埋没。他所取得的成绩刘秀一直都看在眼里，记在心里。

对此，冯异在刘秀的心中，不仅仅是一位能征善战的将军，更是一位品德高尚的臣子。刘秀常常在私下里对冯异委以重任，因为他知道冯异不会因为功劳而骄傲自满，一定会尽心尽力地完成任务。

因为冯异面对功劳时的谦逊，使得他在军中的威望非常高，并对身边的将士影响非常大，在冯异的带领下，他的部队纪律严明，士兵们都以他为楷模，更加注重团队的协作和对刘秀的忠诚。

※ 借古励心志

冯异口不言功，谦逊有加，充分彰显了其个人发展的谋略。在功高震主的危险局势下，冯异深知锋芒毕露易招祸端，这是他对局势的准确判断。他选择低调谦逊，不炫耀功绩，实则是一种自我保护，也是在积蓄力量。这启示我们，在追求理想的道路上，要懂得审时度势，不被眼前的荣耀冲昏头脑。适时的谦逊低调，看似退让，实则是为长远发展奠定基础，避免不必要的麻烦与阻碍。

徐达低调而生，尽显名将风范

◎ 温古知稻粱

徐达是明朝开国第一功臣，他的一生充满传奇色彩，尤其是他低调的行事风格为他的成功铸就了十分卓越的环境。

徐达自幼习武，练就一身过人的武艺和军事才能。在朱元璋起兵初期，徐达就追随左右，成为其得力助手。

在与陈友谅的鄱阳湖大战中，徐达发挥了关键的作用。当时，陈友谅的水军实力强大，战舰高大且数量众多。徐达率领着朱元璋的舰队，冷静应对。他仔细观察敌军的布阵，发现了陈友谅舰队连接在一起的破绽。

随后，徐达亲自率领敢死队，驾驶着轻便的战船，趁着风势，冲向敌军。他身先士卒，在战斗中奋勇杀敌，士兵们在他的鼓舞下个个英勇无畏。

这场战役异常惨烈，徐达的战船多次被敌军击中，但他毫不退缩，最终成功地冲破了陈友谅的防线，为朱元璋取得鄱阳湖大战的胜利奠定了坚实的基础。

尽管徐达战功卓著，他却始终保持着低调的姿态。当朱元璋论功行赏时，徐达从不居功自傲。因为他明白“飞鸟尽，良弓藏；狡兔死，走狗烹”的道理。

在南京城建成后，朱元璋将自己曾经住过的府邸赏赐给徐达。这本是无上的荣耀，但徐达却惶恐不安，坚决推辞。他对朱元璋说：“陛下的府邸，臣下怎敢居住。”

朱元璋佯装生气，命人将徐达灌醉后抬进府邸。徐达半夜醒来，发现自己身处朱元璋的旧邸，大惊失色，立刻跑到朱元璋面前请罪。他的这种低调和谨慎，让朱元璋对他更加信任。

徐达在军中虽是一军统帅，但对待士兵却如同兄弟一般。他从不摆架子，与士兵们同甘共苦。

在行军打仗时，他总是把最好的物资先分配给士兵，自己则和士兵们吃一样的饭菜，穿一样的衣服。他的这种低调谦逊的作风，使得士兵们都愿意为他效命，军队的凝聚力和战斗力也大大增强。

尽管他作为统帅，拥有一定的财富，有钱过更好更奢侈的生活，但他却非常低调。他居住的房子十分简朴，没有过多的奢华装饰，几乎和寻常百姓无异。

总之，因为他的低调而生的方式，让他不仅能够让朱元璋对他更加信任和重视，而且还赢得了周围人的敬佩和爱戴。

※ 借古励心志

徐达一生低调，这是深谙“稻粱谋”的表现。徐达身处朱元璋的统治下，深知功高震主的危险。他低调行事，不居功自傲，这是对局势的精准洞察。他虽战功赫赫，却依然谦逊，这是一种自我保全的智慧。这告诉我们，在个人发展中，要学会看清自己所处的环境。当取得成绩时，不可过度张扬，低调谦逊能避免不必要的嫉妒与猜忌，从而为自己的持续发展和最终的成功保驾护航。

曹操官渡之战后顺势休整，蛰伏待机

◎ 温古知稻粱

官渡之战，曹操以少胜多，大破袁绍的十万大军。虽然这一战役曹操获得了胜利，但他在欣喜之余，通过审视自己部队的现状发现：一方面，军队人员损耗也不少，而且士兵们都非常疲惫；粮草物资虽因奇袭而有所补充，但也并不充裕；另一方面，直觉告诉他，现在不是进攻的最佳时机。所以，曹操决定顺势休整。

他率领军队退回许都附近，开始了大规模的整军活动。

首先，他下令让士兵们有充足的休息时间，安排医者为受伤的士兵疗伤。同时，改善士兵们的饮食，确保他们能尽快恢复体力。此外，最为重要的是在上次战役中，他发现有些士兵配合不协调，于是，他重点进行了军队编制调整，将那些英勇善战且忠诚可靠的将领提拔到重要岗位，撤换了一些能力不足的军官。

俗话说，“兵马不动，粮草先行。”对后勤保障的改革也在这次修整之列，因为只有充足的粮草供应才能支撑未来更大规模的战争。曹操大力发展屯田制，他鼓励百姓开垦荒地，同时给予屯田的百姓一定的优惠政策。他还加强了对水利设施的建设和修缮，确保农田能够得到有效的灌溉。

官渡之战让他看到了人才的重要性，袁绍阵营中的许多谋士和将领，因为袁绍的刚愎自用而未能发挥才能。曹操则敞开胸怀欢迎这些人才的投靠。例如，许攸来投时，曹操跣足相迎，对他极为尊重，许攸带来的乌巢情报成为官渡之战胜利的关键因素之一。战后，曹操继续广纳贤才，他礼贤下士的名声传播得更远，吸引了更多有识之士前来效力。

曹操在休整期间，并没有急于对袁绍残部发动大规模的进攻。他深知袁绍虽然在官渡之战中失利，但在冀州等地仍然拥有强大的势力。如果贸然进攻，可能会陷入苦战。所以，他需要等待时机，一方面让自己的势力不断巩固和发展，另一方面密切关注袁绍势力内部的变化。

果不其然，袁绍在官渡之战后一蹶不振，内部矛盾激化。他的几个儿子为了争夺继承权而相互争斗，袁绍的势力逐渐分裂。曹操看到时机成熟，便开始逐步对袁绍的残余势力发动进攻。他凭借着官渡之战后精心休整所积攒的实力，轻松地各个击破，最终统一了北方的大部分地区。

※ 借古励心志

官渡之战后，曹操顺势休整，因为曹操深知大战之后，军队疲惫，根基需稳固。此时贸然进军，可能功亏一篑。他审时度势，选择蛰伏，看似按兵不动，实则在积蓄力量。这启示我们，在个人追求“稻粱谋”的道路上，不能一味冒进。当取得一定成果后，要懂得停下来审视自身状况，顺应局势进行调整。蛰伏不是退缩，而是为了等待更好的时机，厚积薄发迈向更大的成功。

康熙智取三藩，顺势平叛乱

◎ 温古知稻粱

清朝初期，三藩势力膨胀，成为康熙心头大患。吴三桂、尚可喜、耿精忠在南方拥兵自重，领地几近独立王国，严重威胁清朝中央集权统治。

年轻的康熙坐在龙椅之上，内心忧虑万分。他深知三藩不除，清朝江山危矣。他心想：“朕虽年少，然祖宗基业不可毁于三藩之手，朕之皇位、朕之臣民、朕之天下，皆系于此。朕必须为这万里江山负责任，为大清的长治久安谋划。”康熙暗自下定决心。

在撤藩的过程中，他深知这一决策会引发巨大的波澜，需要大臣们的支持。所以，康熙首先在朝堂之上与大臣们进行了多次商议。在朝堂讨论中，他认真听取不同的意见，虽然有部分大臣担忧撤藩会引发叛乱，但康熙坚定地表示：“三藩之势，如芒在背，若不撤藩，日后必成大患。朕意已决，然朕亦会谨慎行事。”

这一过程中，康熙在朝廷内部统一了思想，为撤藩之事奠定了一定的政治基础。

随后，康熙采取了试探性的措施。他通过一些政令的微调，来观察三藩的反应。例如，在财政方面，他开始对三藩的一些不合理的税收政策进行审查。康熙想借此看看三藩的态度，是愿意接受朝廷的监管，还是会反抗。当时，吴三桂等人虽然有所不满，但尚未到公然反抗的地步。康熙从这些试探中，进一步摸清了三藩的底线，也更加坚定了撤藩的决心。

最后，康熙正式下达撤藩诏令，在诏令中他明确指出，三藩的存在已经不符合清朝的统治需要，为了国家的统一和稳定，要求三藩撤回到北方。康熙在诏令中还承诺，对于撤藩后的安置会给予妥善处理，试图减少三藩的抵触情绪。

当撤藩的诏令下达后，吴三桂恼羞成怒，率先起兵叛乱。他打出“兴明讨虏”的旗号，妄图蛊惑人心，一时间，南方多地纷纷响应。尚可喜和耿精忠也相继叛乱，三藩之乱全面爆发。

三藩起义早在康熙意料之中，也为他消灭三藩给了足够的由头。他冷静地分析局势，深知吴三桂是三藩之乱的核心人物，只要击败吴三桂，其他藩王就容易对付。所以，康熙采取了分化瓦解的策略，他对吴三桂之外的叛军进行招抚，向他们表明只要归降朝廷，可既往不咎。这一策略使得叛军内部产生了分化，许多原本摇摆不定的将领开始思考自己的出路。

最终，在康熙的精心布局下，随着吴三桂的病逝，逐步平定了三藩之乱。这一胜利，不仅巩固了清朝的中央集权统治，也让康熙的威望大增。

康熙推动撤藩之事，从思想准备、朝堂布局、试探到正式诏令，每一步都体现了他作为帝王的谋略和果敢。

※ 借古励心志

我们在追求理想的道路上，可能会遇到如康熙面对三藩之乱的情况，这时，我们首先不要慌乱，不可冲动行事。要像康熙一样，先冷静分析局势，顺势而动，运用策略。在个人发展或竞争中，遇到强大对手时，要善于等待时机，巧妙利用环境和对手的弱点，从而达成目标。

乾隆顺应时势，开创辉煌

◎ 温古知稻粱

乾隆时期，清朝达到了康乾盛世以来的最高峰，那么，他是如何做到的呢?

当时，民间文化繁荣，学术研究之风盛行，众多文人雅士醉心于古籍整理和学术探讨。乾隆敏锐地捕捉到这一文化发展的趋势，他想，也许通过编纂一部集大成的丛书能够让清朝的文化更加昌盛。

于是，他任命纪昀等三百六十多位高官、学者为编纂官，从全国各地征集图书，开启了《四库全书》的编纂工程。

然而，这个过程并非一帆风顺。在征集过程中，出现了一些书籍内容与清朝统治思想不完全相符的情况。例如，一些涉及反清思想或者不符合封建礼教的书籍面临着抉择。

有一位地方官员上报了一批古籍，其中有几本是明朝遗民所著，书中对清朝的统治略有微词。大臣们对此产生了分歧，一部分主张销毁，一部分认为应保留文化的多样性。乾隆在权衡之后，决定对这些书籍进行修订，保留其中有价值的文化内容，同时去除违背清朝统治思想的部分。他知道，顺应文化发展的潮流，既要保护文化的多元性，又要确保为统治服务。

经过多年的努力，这部规模宏大的《四库全书》终于编纂完成。全书共收录了三千四百六十一种图书，七万九千三百零九卷，装订成三万六千余册。《四库全书》的编纂不仅保存了大量珍贵的文化典籍，促进了学术交流，还使得清朝的文化影响力在国内外都得到了极大提升。

在其他方面，乾隆始终秉持着顺应时势的思想，当时江南地区的商业呈现出蓬勃发展的态势。江南的丝绸业举世闻名，苏州、杭州等地的丝绸作坊林立。乾隆没有因循守旧地抑制商业发展，而是顺应商业繁荣的趋势，给予一定的支持。

他减轻了一些商业税赋，鼓励丝绸商人扩大生产和贸易。为此，苏州的丝绸通过海上丝绸之路远销欧洲，欧洲的贵族们对中国的丝绸趋之若骛，苏州的丝绸商人因此获利颇丰，商业发展颇为迅速。

再比如在农业发展、边疆治理等方面，因为乾隆懂得顺势，农民粮食短缺问题得到了解决，稳定了边疆局势，清朝的疆域达到了极盛。

※ 借古励心志

皇帝治理国家如同我们个人追求成功实现目标，乾隆时期清朝达到了康乾盛世以来的最高峰，乾隆实现了他的“稻丰盈”，那么，我们个人如何实现自己的“稻丰盈”呢？

乾隆时期，他顺应时势，继承祖辈基业，继续推行利于统治和发展的政策。在文化上，他大力支持文化建设，编撰《四库全书》等。经济上，重视农业发展，轻徭薄赋，让百姓安居乐业。

这启示当下的我们，在个人发展中要顺应时代潮流。紧跟社会发展趋势，选择适合自己发展的道路，这样才能开创属于自己的“辉煌”，实现自己的“稻丰盈”。

第八章
紧随定势，勤奋不辍，酬得人生青云志

孙敬头悬梁，勤学不辍，以求功名

◎ 温古知稻粱

在东汉时期，有一位名叫孙敬的学子，他一心渴望通过学识求取功名，改变自己和家族的命运。

孙敬自幼家境贫寒，但他却有着强烈的求知欲。在那个时代，对于普通百姓来说，唯有通过读书入仕，才能出人头地。这一点他非常明白。于是，他踏上了艰辛的求学之路。白天，他要帮着家里做各种农活，以维持生计。只有到了夜晚，才有属于自己的读书时间。然而，夜晚的时光总是容易让人疲倦，尤其是经过一天的劳累之后。

孙敬居住的屋子十分简陋，仅有一张破旧的书桌和一盏昏黄的油灯。每到夜深人静，困意就像潮水一般向他涌来。起初，他常常读着读着就打起了瞌睡，醒来后又懊恼不已，觉得自己浪费了宝贵的时间。他心中想："这样下去，何时才能学有所成？我若想在众多学子中脱颖而出，求取功名，必须克服这嗜睡的毛病。"

有一天晚上，孙敬又困得不行，脑袋一点一点地往下垂。突然，他的头发被房梁上的一根绳子给挂住了，这一挂让他瞬间清醒。他灵机一动，想到了一个办法。他找来一根绳子，一端牢牢地系在房梁上，另一端则系在自己的头发上。这样，每当他读书犯困，头一低，头发就会被绳子拽住，疼痛会让他立刻清醒过来。

从此，孙敬开始了他头悬梁的夜读生涯。在寒冷的冬夜，冷风从破旧的窗户缝里灌进来，冻得他手脚冰凉，但他依然专注于书本。那昏黄的灯光在风中摇曳，仿佛随时都会熄灭，但他的眼神始终坚定地落在书页上。夏日里，蚊虫叮咬，闷热的空气让人喘不过气来，可他还是不为所动。

随着时间的推移，孙敬的学识日益增长，所作的文章也颇具见地。他的名声渐渐在当地传开，许多学子都慕名前来向他请教。但孙敬并没有因此而骄傲自满，他知道自己离求取功名的目标还有距离。

最终，在参加科举考试的时候，他凭借着扎实的学识和出众的文采，在众多考生中脱颖而出。他成功地考取了功名，成为一名官员。

※ 借古励心志

孙敬头悬梁，只为勤学不辍以求功名。在人生理想的实现中，他深知个人发展需要付出巨大努力。在古代，功名是改变命运、实现个人价值的重要途径。孙敬为了这个目标，克服困倦，以极端的方式坚持学习。这个故事告诉我们，在个人通往成功的道路上，要有明确的目标。为了目标，要能忍受常人不能忍受之苦，自律且勤奋。坚定的信念在此体现为对成功的渴望，并转化为实际行动，不被惰性打败，用坚定的信念和不懈的努力去叩开成功之门。

董仲舒“三年不窥园”

◎ 温古知稻粱

在西汉的学术殿堂中，当时，儒家学说在社会思想的舞台上逐渐崭露头角，成为一种不可忽视的思想潮流，也成为那个时代的发展定势。

董仲舒，一位对知识有着炽热追求的学者，他深知儒家思想蕴含的巨大潜力以及顺应这一思想潮流对个人发展的重要性。他曾言："仁人者正其道不谋其利，修其理不急其功。"这也体现出他对待学问和个人发展的态度。

为了深入钻研儒家经典，他把自己的书房兼讲学之所安置在庭院之中，然而，在这三年的漫长时光里，他的眼中似乎只有那浩如烟海的书卷。庭院里四季更迭，花开花落，景色变换，可他从未有一刻分心去欣赏那自然的美景。

他每日沉浸在对儒家经典的解读、思考与探究之中。

清晨，当第一缕阳光洒下，他便已坐在书桌前，开始了一天的研习，那专注的神情仿佛与外界的一切都无关。夜晚，烛光摇曳，他依然手不释卷，反复琢磨着那些古老文字中的深邃智慧。

他秉持着"善为师者，既美其道，有慎其行"的理念，无论是炎炎夏日的酷热，还是寒冬腊月的凛冽，对每一个字词的含义都仔细推敲，对每一种思想的内涵都深入挖掘，静心研究儒家学说。

经过三年的潜心研究，他对儒家思想的理解达到了一个新的高度，能够将其中的仁义道德、礼义廉耻等理念融会贯通。这种深入的理解让他在当时的学术界逐渐崭露头角，吸引了众多学子前来求学问道。他的名声也随之远扬，成为儒家学说的重要代表人物，个人发展也得到了巨大提升。这便是"三年不窥园"的故事。

※ 借古励心志

董仲舒"三年不窥园"，一心沉浸于学问。从谋发展的角度而言，他深知学问对于个人发展走向成功的重要性。在他所处的时代，深厚的学识是实现抱负、获取地位的关键。董仲舒为了在学术上有所建树，心无旁骛，不受外界干扰。这启示我们，在个人追求成功的过程中，必须专注于自己的目标。不能被外界的诱惑所分心，要有长远的眼光，懂得牺牲眼前的小乐趣，为了未来更大的收获而努力奋斗，以坚定的信念和高度的专注去追求自己的梦想。

僧一行测算子午线，定势中的破茧之路

◎ 温古知稻粱

在唐代的科学领域，天文历法的发展有着既定的轨迹和传统模式。僧一行，这位在天文学史上熠熠生辉的人物，便是在这样的定势下开启了他伟大的探索征程。

要在天文学领域有所建树，必须先深入学习传统的天文知识，这一点僧一行非常明白。为此，他一头扎进了浩瀚的古籍海洋，从皇家藏书到民间流传的天文典籍，他都一一搜罗。

在长安的学府里，僧一行坐在简陋的书桌前，周围堆满了书卷。他逐字逐句地研读《周髀算经》《甘石星经》等经典著作，眼睛因长时间注视昏黄的烛光而布满血丝，手指也因频繁翻页变得粗糙。据当时与他一同求学的友人回忆记载，僧一行常常为了理解一个天文概念或者一种观测方法，反复查阅多本古籍，直至完全掌握。

当开始着手测算子午线时，僧一行严格遵循传统的天文观测流程。他选择圭表作为主要的观测仪器，圭表虽然是古老的天文测量工具，但在当时的技术条件下，它有着不可替代的作用。

在选择观测地点方面，僧一行遵循古人的选址原则。他听闻洛阳地区在天文地理上具有特殊意义，便决定将洛阳作为重要的观测点之一。他带着弟子们来到洛阳城外的一处高地，这里视野开阔，远离喧嚣，是进行天文观测的理想之地。到达观测点后，僧一行指挥弟子们安置圭表。

他们小心翼翼地将圭表垂直立于地面，确保圭表的底座平稳，刻度清晰可辨。

在观测过程中，僧一行展现出了令人钦佩的勤奋。无论是严寒酷暑，僧一行和弟子们都坚守在观测点。他的目光始终紧紧盯着圭表的影子，记录下影子的长度和角度变化，每一个数据都反复核对，确保准确无误。

有一次，一位年轻的弟子因酷热难耐而有些松懈，僧一行严厉地批评了他，说道："天文观测之事，关乎天地奥秘，一丝一毫都不可马虎，我们遵循传统，更要以勤奋之态对待。"

就这样，年复一年，僧一行凭借着勤奋不辍的精神，积累了大量精确的观测数据。经过无数次的计算和验证，最终成功测算出子午线的长度。

※ 借古励心志

僧一行测算子午线，在当时的定势下走出破茧之路。他为了科学探索这一理想，突破常规。当时的观念和技术都有限制，但他不被束缚。

这个故事告诉我们，在个人发展走向成功时，不能因循守旧。要像僧一行一样，敢于挑战既有观念和模式。即使周围环境存在诸多限制，也要凭借对目标的执着追求，以创新的思维和无畏的勇气去开辟新的道路，如此才能在自己的领域实现突破，走向成功。

朱买臣负薪读书，逆境求学，终成大器

◎ 温古知稻粱

西汉的时候，有个人叫朱买臣。他家境贫寒，每天连基本的生计都难以维持，日子过得十分艰难。不过，他对知识却有着强烈的渴望，心里一直想着要读书学习。

为了能活下去，他只能靠砍柴卖柴来维持生活。每天，他背着沉重的柴禾，在山林和集市之间来回奔波。山林里，他挥汗如雨地砍柴；集市上，他费力地叫卖柴禾。尽管劳动如此艰苦，但他从来没有放弃过读书学习的念头。

他常常一边背着柴薪，一边诵读诗书。他的这种行为在旁人看来是十分怪异的。集市上的人看到他衣衫褴褛，背着柴薪还念念有词，都对他指指点点，甚至嘲笑他。有些人觉得他不务正业，放着好好的砍柴工作不专心做，却去念那些难懂的书。可是朱买臣全然不顾他人的眼光，依然坚持读书。因为他知道，只有读书才能让他出人头地。

朱买臣的妻子长期跟着他过着贫苦的日子，她对朱买臣这种行为也很不满。她觉得丈夫读书没有任何实际用处，不能改变家庭的贫困状况。她多次劝说朱买臣放弃读书，专心砍柴挣钱。但朱买臣却坚信知识能够改变命运，他对妻子说："我年五十当富贵，今已四十余矣。女苦日久，

待我富贵报女功。”然而，他的妻子最终还是无法忍受这种贫苦又看不到希望的生活，离他而去。

朱买臣虽然遭受了生活的重重打击，妻子的离去也让他伤心，但他并没有因此而一蹶不振。他依旧每天负薪读书，不断积累知识。

终于，朱买臣因为读书等到了一个机会。当时的社会，有举荐贤才的制度。朱买臣的才学在他所在的地区逐渐被一些有识之士知晓，其中就有他的同乡严助。严助在朝廷为官，深知朱买臣的学问和才华。在朝廷寻求贤能之人的时候，严助向汉武帝举荐了朱买臣。

汉武帝是一位重视人才、渴望贤能之士来辅佐朝政的君主。当他听闻朱买臣负薪读书的事迹以及他的才学后，决定给朱买臣一个机会。汉武帝召见了朱买臣，朱买臣在皇帝面前毫不怯场。他凭借自己多年苦读积累的深厚学识，对皇帝提出的关于治国理政、经史典籍等诸多问题应答如流。他引经据典，阐述自己对于国家治理、文化传承等方面的见解。

汉武帝对朱买臣的表现十分满意，当即决定任命他为官员。就这样，朱买臣从一个被人嘲笑的贫苦砍柴者，摇身一变成为朝廷官员，开启了他在仕途上的传奇之旅。

※ 借古励心志

朱买臣身处贫穷之境，却负薪读书。从实现人生理想的角度，他深知知识是改变贫穷、走向成功的关键“稻粱”。虽家境贫寒，他背负柴薪仍不忘求学，在逆境中坚守。这个故事告诉我们，贫穷之人想要发展成功，首先要有改变命运的强烈渴望，把知识当作向上的阶梯。不能被眼前的困境打败，要懂得在艰苦的生活中寻找提升自己的机会，以坚定的信念和不懈的努力，打破贫穷的枷锁，向着成功一步步迈进，书写自己的逆袭传奇。

欧阳修从贫寒士子到文学巨匠

◎ 温古知稻粱

北宋的时候，有个年轻人叫欧阳修，他出生在一个很贫穷的家庭。小时候，家里穷得只能勉强让大家吃饱饭。他的母亲郑氏是个很有见识的人，虽然家里没钱，但她特别重视对孩子的教育。当时没有钱买纸和笔，郑氏就找来荻草，在地上教欧阳修写字。欧阳修既聪明又勤奋，在母亲的教导下，他很快就喜欢上了文学。

随着年龄的增长，欧阳修开始踏上求学之路。欧阳修的科举之旅充满了艰辛与波折。初次参加科举时，他满怀壮志，带着自己多年苦读的成果奔赴考场。他的文章充满了自己对经史子集的独特见解，用词质朴却富有深意。然而，当时的科举评判标准深受华丽文风的影响，考官们更倾向于那些堆砌辞藻、行文看似华丽却缺乏实质内容的文章。欧阳修的文章在这样的评判标准下，显得格格不入，初次科举，他不幸落榜。

这一失败对欧阳修来说是个沉重的打击，但他并没有一蹶不振。他深知自己文章的价值，坚信真正优秀的文学不应仅仅是辞藻的堆砌，而应蕴含深刻的思想和真挚的情感。于是，他回到家中，更加刻苦地钻研学问。他仔细研究那些被当时社会所推崇的文章，剖析其中的优劣，同时也深入挖掘古代经典文学的精髓，试图在传统与创新之间找到平衡。

为了准备下一次科举，欧阳修四处拜访名师，虚心求教。他不顾路途遥远，前往一些有名望的学者家中，常常徒步而行，干粮仅够果腹。在求学的过程中，他不仅要忍受身体的疲惫，还要面对一些人的冷嘲热讽。有些人认为他出身贫寒，再怎么努力也难以在科举中有所建树。但欧阳修不为所动，他把这些负面的声音当作激励自己前进的动力。

再次参加科举时，欧阳修感觉自己已经做好了充分的准备。他的文章在保持自己风格的基础上，又融合了对当下文风的一些理解，既富有思想内涵，又在形式上更加符合科举的要求。然而，命运似乎又一次捉弄了他。尽管他的文章较之前有了很大的进步，但由于一些不可控的因素，他又一次名落孙山。

这一次的失败让欧阳修陷入了深深的自我怀疑之中。他开始反思自己是否真的适合走科举这条路，是否应该放弃自己一直坚持的文学理念去迎合当时的文风。但在母亲郑氏的鼓励下，他重新振作起来。母亲告诉他，真正的才华不会永远被埋没，只要坚持自己的信念，终有一天会得到认可。

经过长时间的沉淀和准备，欧阳修第三次踏入科举考场。这一次，他的文章在众多试卷中脱颖而出。他以扎实的文学功底、深刻的思想见解以及独特的行文风格，征服了考官们。考官们意识到，这是一位真正有才华的学子，他的文章代表了一种新的文风，既有对古代文学优秀传统的传承，又有创新的突破。

欧阳修科举考试取得成功，这对他个人来说，是命运的重大转折；对北宋文学的发展而言，也是一个重要的契机。他的成功引发了很多人对当时流行的浮靡文风的思考，大家开始反思这种只注重形式、缺乏内涵的文风，这为后来的文风改革创造了条件、打下了基础。

从这之后，欧阳修进入官场，开启了他的仕途生涯。他充分发挥自己的才华，不断努力进取，在文学创作和文学理论等方面都取得了很高的成就，一步步成长为文学领域的大师级人物。

※ 借古励心志

欧阳修出身贫寒，幼年丧父，家境困窘到以荻画地学字。但他凭借对知识的渴望与坚韧毅力，苦读不辍。步入仕途后，他以笔为刃，在文坛革新，开创一代文风，声名远扬。文学成就让他摆脱物质匮乏，不仅实现人生理想，更以文学滋养精神、影响后世。他从贫寒士子到文学巨匠的蜕变，是知识改变命运、才华铸就辉煌的生动写照。

宋濂苦学成才，青史留名传千古

◎ 温古知稻粱

元末明初的时候，有个叫宋濂的学生。他家特别穷，穷得几乎什么都没有。在求学的过程里，买书对他来说根本就是不可能做到的事，所以，借书就成了他获取知识的一个主要办法。

有一次，宋濂听闻邻村一位老者家中藏有一本罕见的古籍，据说书中的内容涵盖了许多前朝的历史典故和文学精华。这对于如饥似渴的宋濂来说，无疑是一块巨大的磁石，吸引着他不顾一切地想要得到阅读的机会。

于是，宋濂天不亮就出发，徒步前往邻村。那是一段漫长而艰辛的路程，乡间小路崎岖不平，他的草鞋很快就被磨破，双脚满是血泡，但他顾不上疼痛，心中只想着那本珍贵的书籍。到达老者家时，他已是衣衫褴褛、疲惫不堪。

老者看到这个狼狈却眼神炽热的少年，心中有些许惊讶。宋濂恭敬地向老者说明了来意，老者上下打量着他，心中虽对宋濂的求学精神有几分赞许，但又担心他年少莽撞会损坏书籍，便有些犹豫。

宋濂看出了老者的担忧，他诚恳地说道：“先生，我深知此书的珍贵，我虽家境贫寒，但定会像对待稀世珍宝一样对待它。我若有幸借得此书，必定日夜守护，不会让它有丝毫损伤，而且一定按时归还。”

老者被宋濂的真诚所打动，最终同意将书借给了他。

宋濂捧着那本梦寐以求的书，在回家的路上，他就迫不及待地打开书本阅读起来。到家后，他深知借书的时间有限，便立即开始抄书。

他家的屋子十分简陋，光线昏暗。白天，他借着从狭小窗户透进来的微弱光线抄写；到了夜晚，那点光亮远远不够。但宋濂没有放弃，他把桌子搬到屋外，借着月光继续抄。月光清冷，他的手指在寒冷的空气中逐渐变得僵硬，每写一个字都需要付出更多的努力，但他的眼神始终坚定地落在书页上。

就这样，宋濂夜以继日地抄书，在规定的期限内，他终于抄完了整本书。他小心翼翼地将书整理好，再次前往邻村归还。老者看到宋濂按时归还书籍，而且书本保存得十分完好，心中对这个少年又增添了几分好感。

宋濂凭着这种“借书抄书”的精神，学识日益增长。他的文章写得越来越好，思想也越发深刻，在当时的文坛上，逐渐崭露头角。

随着名声的传播，他也受到了朝廷的关注。后来，他入朝为官，在政治和文化等多方面都发挥了重要的作用。他参与编纂《元史》，将自己的学识奉献给了历史的记录。他的文学作品，如《送东阳马生序》，更是激励了一代又一代的学子。

※ 借古励心志

宋濂家境贫穷却苦学成才。在他的故事里，“稻粱谋”体现为对知识改变命运的深刻认知。他借书抄录，不畏严寒，长途跋涉求师问道。这告诉我们，贫穷不应成为个人发展的阻碍。对于贫穷之人而言，成功的基础就是知识与学问。要有不畏艰难的决心，像宋濂一样，珍视学习的机会，以勤奋弥补物质的匮乏。在困境中坚守对知识的渴望，凭借自身努力提升能力，打破贫穷的限制，最终在历史长河中留下自己成功的印记。

下篇　远祸避殃

——在选择与适应中找到平衡

第九章
包容忍让，虚怀若谷，万物备至

勾践忍辱，以屈求伸最终复仇

◎ 温古知稻粱

春秋时期，吴国和越国之间经常发生冲突。在夫椒之战这场关键战役里，越王勾践遭受了毁灭性的失败。当时，吴王夫差亲自率领吴国军队，像汹涌的潮水一样向越国发起进攻。越国的防线很快就被攻破，士兵们吓得四处逃窜，到处都是一片凄惨的景象。勾践看着自己精心训练的军队被打得七零八落，心里充满了绝望和悲痛。

然而，为了越国的百姓，为了有朝一日能够复国，勾践放下了越王的尊严，决定向夫差求和。夫差提出了苛刻的条件，勾践必须带着妻子和大臣范蠡等前往吴国为奴。这对于勾践来说，无疑是一种生不如死的折磨，但他咬着牙接受了。

初到吴国，勾践被安置在阖闾墓旁的一间破旧石屋里。石屋阴暗潮湿，弥漫着一股腐臭的气息。他每天的任务就是为夫差养马。清晨，当第一缕阳光还未完全照亮大地，勾践就早早地起来，拖着沉重的步伐走向马厩。他穿着破旧的粗布衣裳，那衣裳早已被汗水和污渍浸透，散发着难闻的气味。他的双手因为清理马厩、搬运草料而布满了伤痕，粗糙不堪。

每次夫差出行，勾践都要牵着马，卑躬屈膝地跟在后面。他的头始终低垂着，不敢有丝毫的怠慢。周围的吴国人看到曾经的越王如今这般模样，纷纷投来轻蔑的目光，还不时地发出嘲笑和讥讽的话语。勾践的内心如同被千万根针扎着，但他只能默默忍受。

有一次，夫差突然生病，卧床不起。吴国的太医们都束手无策。勾践听闻后，心中一动，他深知这是一个表现自己“忠诚”的绝佳机会。于是，他不顾众人诧异的目光，亲自走到夫差的床前，毫不犹豫地尝了尝夫差的粪便。他强忍着恶心，仔细地品味着粪便的味道，然后恭恭敬敬地对夫差说：“大王，臣略通医术，尝大王之粪便，发现其味酸苦，此乃病情即将好转之兆。”

夫差和周围的人都大为震惊，他们没想到勾践竟然能做出如此之举。夫差心中对勾践的警惕渐渐放下，开始相信他是真心臣服于自己。

在吴国的三年里，勾践的生活如同在地狱中煎熬。他吃的是残羹剩饭，睡的是冰冷的石板。但他的内心却从未放弃复国的梦想。他在默默忍受屈辱的同时，时刻观察着吴国的一举一动。他看到吴国虽然强大，但夫差好大喜功，吴国的大臣们之间也存在着争权夺利的现象。这些信息都被勾践默默地记在心中，成为他日后复国的重要依据。

终于，夫差被勾践的种种表现所迷惑，认为他已经彻底被驯化，不再有复国的野心。于是，夫差大发慈悲，允许勾践回到越国。

回到越国后，勾践卧薪尝胆，时刻提醒自己不忘耻辱。他亲自下田耕种，与百姓同甘共苦，赢得了民心。同时，他广纳贤才，励精图治，发展生产，训练军队。在物质层面，他积极积累财富，储备粮食，为复仇和复兴越国奠定了坚实的经济基础，这便是他为实现“稻粱谋”所做的努力。

经过多年的隐忍与筹备，越国逐渐强大起来。勾践瞅准时机，出兵伐吴，最终大败吴国，实现了复仇的愿望。此后，越国成为一方霸主，勾践也再次成为尊贵的君主，享受着至高无上的权力和富足的生活。他不仅恢复了往日的荣耀，更将越国带向了新的辉煌。

※ 借古励心志

勾践本是一国之君，坐拥越国山河，享受着无上尊荣与优渥生活，这便是他最初的实现人生价值的基础。然而，吴越之战中，越国大败，勾践沦为阶下囚，曾经的梦想瞬间破碎，甚至连基本生存都成了问题。但勾践并未就此沉沦，他深知，若想实现真正的理想，不仅要保住性命，更要东山再起。于是，他选择了忍辱负重，以屈求伸。最终复国雪耻，真正实现了自己的坚守多年的梦想，在历史的长河中留下了浓墨重彩的一笔。

韩信之忍，大丈夫能屈能伸

◎ 温古知稻粱

秦朝末年的时候，淮阴城的集市总是热热闹闹的，到处都是人，充满了市井的嘈杂声。年轻的韩信就住在这座城里。他穿着一件破旧的衣服，不过这并不影响他眉宇间那股英气和与众不同的气质。特别是他腰间还佩着一把剑，这让他和普通老百姓明显不一样。

那一日，韩信像往常一样走在集市的道路上。突然，一个身材魁梧、满脸横肉的屠夫带着一群恶狠狠的跟班拦住了他的去路。屠夫双手叉腰，眼睛里满是挑衅与不屑，他看着韩信腰间的剑，大声嘲笑道：“看你这小子，长得人高马大的，还整天带着把剑，装什么英雄好汉呢？我看你不过是个胆小如鼠的家伙罢了。”

韩信皱了皱眉头，并没有理会他，想要侧身绕过去。可是屠夫却不依不饶，向前一步，继续挑衅：“你要是真有本事，就拔出你的剑来刺我，要是没这个胆量，就从我的胯下钻过去。”说完，他便张开双腿，站在路中间，周围的跟班们哄然大笑，开始起哄：“钻啊，钻啊。”

集市上的人听闻这边的动静，纷纷围了过来。他们好奇地看着韩信，眼神里有期待，有不屑，也有同情。韩信的脸涨得通红，他紧紧地握住剑柄，手背上的青筋都暴了起来。这是对他尊严的严重践踏，他的骄傲、他的抱负在这一刻都受到了极大的挑战。

他的脑海中闪过无数念头。如果拔剑刺向这个屠夫，他自信可以轻松取胜，毕竟自己熟读兵书，武艺也不差。可是，他知道一旦动手，在这秦朝严苛的律法下，自己必然会被判处死刑。他的军事才华还未施展，他的远大抱负还未实现，难道就要因为这样一个无赖而断送自己的一生吗？

韩信在众人的注视下，慢慢地松开了剑柄。他深吸一口气，缓缓地俯下身去。此时，周围的哄笑声更加响亮了，人们指指点点，仿佛在看一场滑稽的表演。韩信的眼睛里噙着泪水，但他强忍着不让泪水落下，他的身体缓缓地从屠夫的胯下爬过。

当韩信从胯下钻过站起身来的时候，他没有看那些嘲笑他的人，只是默默地整理了一下自己的衣衫，然后头也不回地离开了集市。

他知道，只有忍下这一时之辱，才能走向更远的未来，实现自己心中伟大的抱负。

后来，韩信投靠了刘邦，为刘邦建立汉朝立下了汗马功劳。当韩信衣锦还乡时，他又见到了当年那个让他受胯下之辱的屠夫。众人都以为韩信会报复屠夫，然而韩信却笑着对屠夫说：“你当年的羞辱，反而激励了我。我今天不会杀你，还要感谢你。”韩信的这一举动，不仅显示出他的大度，更体现了他对过去耻辱的超越。

※ 借古励心志

韩信早年家境贫寒，他心中的“稻粱谋”便是出人头地、施展才华。面对屠户的胯下之辱，韩信选择了隐忍。他深知，若为一时意气与人争斗，不仅可能丧命，更会断送前程。后来投靠刘邦，终于被刘邦拜为大将。此后，大展身手，战无不胜，攻无不克，助刘邦成就帝业。他凭借卓越的军事才能，获得了高官厚禄，实现了从落魄到显贵的转变，达成了自己的人生理想，在历史舞台上留下了璀璨的光芒。

班超不计前嫌待李邑

◎ 温古知稻粱

在东汉时期，班超担任西域都护，主要负责镇守西域，维护汉朝在西域的影响力等重要工作。他很有本事，军事才能和政治智慧都很出色，在西域各国之间巧妙地处理各种关系。

当时，朝廷派了一个叫李邑的人去西域。但在去的路上，李邑听说龟兹国正在攻打疏勒国，局势很紧张，他心里就害怕了。他不想再继续去西域，可又怕被朝廷怪罪，就想出了一个坏主意。他给朝廷上书，污蔑班超在西域娶妻生子，只图自己过得舒服，没有心思为国家做事。

这一消息传到班超耳中，班超深知这是李邑的恶意中伤，但他并没有因此而愤怒地报复。不久后，李邑带着妻儿来到了西域。班超却做出了一个让人意想不到的举动，他把李邑留在了自己身边任职。

班超的下属们都十分不解，他们觉得李邑如此恶意诋毁班超，班超不应该还对他这么好。有人忍不住对班超说："李邑之前那样污蔑您，您为何还要留他在此，不如把他打发回去算了。"

班超却笑着回答："李邑说我坏话，那是他的过错。但他既然来了西域，我怎能因为个人恩怨就把他赶走呢？如果这样做，那不是显得我心胸狭隘吗？"

班超对待李邑，就像对待其他下属一样，还给他安排合适的工作。李邑原本以为自己会受到班超的刁难或者报复，没想到班超如此大度，心中十分愧疚。在之后的日子里，他在班超的带领下，也逐渐为西域的事务贡献自己的力量。

班超的这种不计前嫌的做法，稳定了西域的人心。在西域各国眼中，班超不仅是一个英勇善战、智慧超群的汉朝官员，更是一个胸怀宽广、品德高尚的人。他的行为让西域各国更加敬重汉朝，也让他手下的将士们更加信服他的领导。

※ 借古励心志

班超在经营西域的过程中，面对李邑的恶意中伤，并未以牙还牙，而是展现出了宽广的胸怀，不计前嫌，彰显了他的大度，更赢得了众人的敬重。这种良好的人际关系和声誉，为他在西域的事业发展提供了有力支持。他得以更加顺利地开展外交和军事行动，巩固了汉朝在西域的统治，自己也因此加官晋爵，实现了个人提升发展，更完美地达成了自己的"稻粱谋"。

郭子仪摒弃前嫌，秉公力荐

◎ 温古知稻粱

唐朝的时候，有个大臣叫郭子仪，他品德好，军事才能也很强，皇帝特别欣赏他。

当时朝廷里有个权势很大的宦官叫鱼朝恩。他嫉妒郭子仪的军功和威望，好几次在皇帝面前说郭子仪的坏话，想毁坏郭子仪的名声。更过分的是，他还偷偷派人去挖了郭子仪父亲的坟墓。这在当时可是对人极大的侮辱，郭子仪的家人和部将们都很生气，纷纷让郭子仪向朝廷申诉，要求严惩鱼朝恩。

郭子仪听闻此事后，悲痛万分，但冷静下来后他想，当下正是国家动荡之时，内部的纷争只会让局势更加恶化。他流着泪对众人说：“我带兵多年，不能禁止士兵挖掘别人的坟墓，如今自家坟墓被掘，这是上天对我的惩罚，并非他人故意为之。”

所以，他没有借机报复鱼朝恩，反而选择了息事宁人。

后来，鱼朝恩邀请郭子仪到章敬寺赴宴。众人都担心这是鱼朝恩设下的鸿门宴，劝郭子仪不要前往，以免遭遇不测。郭子仪却坦然地说：“我与朝廷大臣之间如果相互猜忌，那国家就危险了。我若不去，反倒显得我心虚。”

于是，他只带了几个家僮就前往赴宴。鱼朝恩见郭子仪如此坦然前来，心中既惭愧又感动，从此对郭子仪的怨恨也渐渐消除。

当时，朝廷还有一位名将叫李光弼，他与郭子仪在一些军事决策上产生了分歧，彼此之间存在嫌隙。有一次，朝廷需要一位得力将领去镇守重要地区，皇帝征求郭子仪的意见，郭子仪毫不犹豫地向朝廷推荐了李光弼。

因为他知道李光弼有着过人的军事才能，这个位置他最为合适。他对皇帝说："李光弼为人忠勇，且精通兵法，是镇守此地的最佳人选。臣与他虽有过一些分歧，但臣深知他的才能足以胜任此职。"

皇帝对郭子仪的推荐感到惊讶，因为皇帝知道他们之间有矛盾。于是问郭子仪为什么会推荐李光弼。郭子仪说："在国家大义面前，个人的恩怨显得微不足道。"

李光弼得知是郭子仪举荐自己后，心中十分愧疚，同时也对郭子仪的大度钦佩不已。他到任后，果然不负众望，在军事防御和稳定地方局势上发挥了重要作用。

※ 借古励心志

不管是在个人发展利益还是大局利益时，当出现与个人矛盾二选一的情况时，我们应该理智思考，放下个人矛盾，以包容的心态对待人和事，因为这有助于我们个人及团队发展利益的最大化。

唐太宗善待突厥

◎ 温古知稻粱

在唐朝初期，东突厥势力强大，时常侵扰唐朝边境。他们凭借着强大的骑兵，掠夺唐朝的人口、牲畜和财物，成为唐朝北方边境的一大忧患。

唐太宗李世民即位后，经过多年的励精图治，唐朝的国力逐渐强盛。唐太宗任命李靖为统帅，率领大军出击东突厥。李靖率领唐军精锐，运用巧妙的战略战术，长途奔袭，大破东突厥。颉利可汗兵败被俘，东突厥宣告灭亡。

然而，唐太宗并没有像以往许多征服者那样，对降部赶尽杀绝。他展现出了非凡的政治胸怀和远见卓识。对于东突厥的首领，唐太宗允许他们入朝为官。其中，颉利可汗被封为归义王，在长安过上了富足的生活。这种做法让突厥的上层贵族感受到了唐朝的宽容与接纳。

而对于广大的突厥部众，唐太宗将他们安置在边境地区。他设立了都督府等管理机构，任用突厥的首领担任都督等官职，让突厥人自己管理自己的内部事务。同时，唐朝还在边境地区推行民族融合政策。鼓励突厥人与汉人之间的贸易往来，在边境互市，双方交换各自的特产，如突厥的马匹、皮毛与中原的丝绸、茶叶等。

唐太宗倡导突厥人学习汉族的文化知识，同时也允许汉族人吸收突厥文化中的优秀元素。例如，一些突厥的音乐、舞蹈开始传入中原地区，丰富了唐朝的文化生活。许多突厥人开始学习汉语，接受汉族的礼仪制度，逐渐融入唐朝的社会体系之中。

这一政策的实施，稳定了边疆局势。突厥部众不再对唐朝怀有敌意，而是积极参与到边境地区的建设和发展中来。他们成为唐朝边疆的一道屏障，抵御着北方其他游牧民族的侵扰。同时，唐朝的这种包容和善待之举，也让周边其他民族看到了唐朝的大国风范。

周边各民族纷纷归附唐朝，尊称唐太宗为“天可汗”。这一称号象征着唐太宗不仅是唐朝的皇帝，更是周边众多民族共同的领袖。在“天可汗”的统治下，唐朝的疆域不断扩大，各民族之间交流频繁，贸易繁荣，文化交融，开创了前所未有的盛世气象。

※ **借古励心志**

唐太宗深知，欲实现国富民强这一宏大的理想，需有广阔胸襟与长远眼光。当时突厥势力强大，对边境构成威胁，但他并未一味征伐。选择善待突厥，以和亲、互市等政策与之交好。这一举措使边境地区得以安宁，百姓免受战乱之苦，能够安心从事生产。农业、手工业、商业等蓬勃发展，国家财政收入增加，百姓生活富足，为唐朝的繁荣稳定奠定了坚实基础，成功实现了国富民强的理想，铸就了贞观之治的辉煌。

汉光武帝刘秀“推心置腹”

◎ 温古知稻粱

新朝末年，天下大乱，铜马起义军作为一支颇为强大的力量，在河北地区活动，人数众多，势力浩大，对刘秀所代表的势力构成了不小的威胁。随后便与刘秀率领军队与铜马起义军展开了激烈的战斗。经过艰苦的征战，刘秀最终击败了铜马起义军。

然而，此时刘秀面临着一个极为棘手的问题：如何处理这数十万的降兵。在当时的情况下，很多将领可能会选择对降兵进行分化瓦解，或者采取严厉的管制措施，以防止他们再次叛乱。

而刘秀却做出了一个与众不同的决定。他决定接纳这数十万的降兵。

这一决定让他的许多部下都感到担忧，毕竟这些降兵数量庞大，一旦有什么变故，后果不堪设想。刘秀却认为，若要在这乱世中成就大业，就必须赢得人心。

刘秀不仅接纳了降兵，还做出了一个更为大胆的举动。他让铜马的降将继续统领他们的旧部。这在当时简直是不可思议的事情，就如同把一把利刃再次交到刚刚被打败的敌人手中。刘秀的部下们纷纷劝谏，认为这样做风险太大，可刘秀却坚信自己的判断。

为了彻底消除降军的疑虑，刘秀决定单骑巡视降军的营地。当他骑着马缓缓进入营地时，降军将士们十分惊讶。他们原本以为自己作为降军，会受到猜忌和监视，没想到刘秀竟敢单枪匹马地前来。刘秀面带微笑，从容地穿梭于营帐之间，与将士们亲切交谈，询问他们的生活状况，关心他们是否有什么困难。他的眼神中没有丝毫的怀疑和敌意，有的只是信任和真诚。

刘秀的这一行为让降军将士们大为感动。他们看到了刘秀对他们的尊重和信任，他们意识到刘秀是一位值得追随的君主，原本心中的不安和抵触情绪逐渐消散，开始真心归附刘秀，

正是因为刘秀的“推心置腹”，他迅速扩充了自己的军事力量，而且这些降军在后来的征战中表现得极为英勇。这一举措为刘秀奠定了坚实的军事基础，使得他在逐鹿中原的道路上更加顺利。人心的归附也让他在治理地方时得到了百姓和将士们的全力支持，最终成功地建立了东汉政权，开启了“光武中兴”的盛世局面。

※ 借古励心志

汉光武帝刘秀身处乱世，心中怀着实现国家发展的宏伟目标。面对数十万降兵，部下忧心忡忡，担心降兵生变，可刘秀却有着独到见解。他深知，在这纷争不断的时代，仅靠武力难以长久立足，赢得人心才是关键。接纳降兵，虽冒风险，却能彰显自己的仁德与胸怀。他“推心置腹”的举措收获了意想不到的效果。最终，刘秀成功实现国家统一，开创了“光武中兴”的盛世，也达成了自己发展国家、成就个人功业的心中理想。

宋真宗与辽国签订澶渊之盟

◎ 温古知稻粱

在北宋王朝统治时期，辽国宛如一把高悬于宋朝北方边境的利刃，时刻威胁着宋朝的安全。辽国的骑兵部队以勇猛剽悍著称，他们频繁地跨越边境，对宋朝边境地区展开侵扰，烧杀抢掠，致使边境百姓生活在水深火热之中，苦不堪言。

宋真宗景德元年，辽国的萧太后与辽圣宗亲自率领大军浩浩荡荡地向南进发。辽军来势极为凶猛，一路势不可挡，长驱直入宋朝境内。这一突发状况让宋朝朝廷上下顿时陷入一片混乱，大臣们惊慌失措。不少大臣认为宋朝难以抵挡辽军的进攻，纷纷主张迁都以躲避辽军的锋芒，有的大臣提议迁往金陵，有的则建议迁往成都。然而，宰相寇准却坚决反对这种逃跑的做法，他力排众议，极力主张宋真宗亲自率领军队前往前线，鼓舞士气，与辽军决一死战。

宋真宗在寇准的极力劝说下，终于鼓起勇气，率军亲征。当宋军抵达澶州（今河南濮阳）时，宋军的士气大振。此时，澶州城横跨黄河两岸，宋真宗的到来，让宋军守城的将士们欢呼雀跃。而辽军由于深入宋境，战线拉得过长，补给开始出现困难，且辽军先锋萧挞凛在澶州城下被宋军的床弩射死，这一意外事件让辽军士气受挫。

在这种局势下，双方都有了议和的想法。宋朝虽然在军事上此时并不处于劣势，甚至可以说占据一定的优势，但宋真宗考虑到长期战争将会给国家带来沉重的负担。战争不仅会消耗大量的人力、物力和财力，

而且会让边境百姓长期处于动荡不安之中。于是，宋朝派出使者与辽国议和。

最终，双方签订了澶渊之盟。盟约规定，宋辽为兄弟之国，辽圣宗年幼，称宋真宗为兄；宋朝每年送给辽国岁币银 10 万两、绢 20 万匹；双方沿边州军各守疆界，不得互相侵犯；两朝沿边城池，一切如常，不得创筑城隍。

这一盟约的签订，在当时引起了很大的争议。许多人认为向辽国送岁币是一种屈辱的行为。然而，从长远来看，澶渊之盟带来了意想不到的积极影响。此后的百年间，宋辽之间再没有发生大规模的战争。边境地区的百姓得以安居乐业，他们不再遭受战争的蹂躏，可以安心从事农业生产和商业活动。

在这百年间，宋辽之间的经济文化交流日益频繁。边境上开设了许多榷场，宋朝的丝绸、茶叶、瓷器等精美商品大量运往辽国，而辽国的马匹、牛羊等特产也进入宋朝市场。这种贸易往来促进了双方经济的发展，宋朝的商业更加繁荣，辽国也从贸易中获得了许多中原地区的先进技术和文化成果。在文化方面，双方的文人墨客、学者之间的交流增多，辽国的文化逐渐受到中原文化的影响，开始向汉化方向发展。

※ 借古励心志

在个人成长的道路上，一方面，我们要权衡利弊，着眼长远，要有勇气放弃眼前的小利，着眼于长远的个人成长，以利于自身的持续发展。

另一方面，要懂得合作与妥协的智慧，有时的妥协不是软弱，而是为了更好的合作成果，例如一个擅长技术的人和一个擅长营销的人合作创业，可以发挥各自的优势，共同推动事业的发展。

第十章
糊涂不傻，大智若愚的生存智慧

汉昭帝糊涂辨忠奸

◎ 温古知稻粱

汉武帝崩逝，八岁幼子刘弗陵继位，史称汉昭帝。金銮殿龙椅巍然高悬，稚子垂足难及御座，群臣俯首高呼“万岁”之际，朝堂实权已尽归霍光、上官桀、桑弘羊三大权臣之手。三人以“辅政”为名，行权谋之实，庙堂暗涌的角力较量，暗地里却斗得你死我活。

五年后，汉昭帝十三岁了。这天早朝，上官桀突然掏出一份奏折，扯着嗓子喊：“陛下！燕王刘旦送来急报，说霍光私自调动禁军，还往家里藏了一千副铠甲，这是要造反啊！”

满朝文武顿时炸了锅，所有人的目光都盯向了霍光。可小皇帝只是慢悠悠地接过奏折，低头翻了两页，突然抬头问了句：“霍将军，你昨天不是还上书说要把禁军裁掉三千人吗？怎么今天又说要造反了？”

那天半夜，霍光突然脱了官服，披头散发地冲进皇宫，“扑通”一声跪在小皇帝面前：“陛下要是怀疑老臣，臣现在就撞死在这儿！”说着，就要往柱子上撞。几个太监赶紧拉住他，却见小皇帝光着脚从床上跳下来，手里举着个木头做的老鹰玩具——那是霍光去年送他的生辰礼。

“霍将军你看，这木鸢的线快断了。”小皇帝把玩具塞到霍光手里说：“你教过朕，风筝线要握紧又不能勒得太死。要是朕现在把你关起来，这朝堂的风筝线……该交给谁呢？”

霍光捧着玩具的手突然发抖——这孩子哪是在玩木头老鹰，分明是在提醒他：你霍光的命脉，早被我看得清清楚楚！

第二天上朝，上官桀又带着群臣闹起来，非要立刻把霍光抓进大牢。小皇帝却打着哈欠说：“这事明天再议吧，朕的蛐蛐还没喂呢！”

说完，他甩着袖子就走了，连奏折都忘在龙椅上。上官桀心里乐开了花，偷偷把奏折揣进怀里，连夜派人给燕王送信：“小皇帝就是个草包，赶紧发兵！”

七天后，长安城突然戒严。上官桀带着燕王的兵马刚冲到皇宫门口，城楼上突然亮起无数火把。小皇帝穿着金甲走出来，手里拎着个鸟笼子：“上官大人，你伪造的燕王印章，第三笔刻得太直了。先皇刻的印章，这里该有道裂痕。”说完，他把笼子里的鸽子一扔，埋伏的禁军瞬间把叛党围了个水泄不通。

刑场上，上官桀被押着跪在地上，扯着嗓子喊：“陛下！霍光才是奸臣啊！”

小皇帝蹲下来看着他：“你书房暗格里藏着二十箱黄金，床底下压着和匈奴来往的信件，连你小妾生的儿子都偷偷养在城西——这些事，霍光可一件都没告诉朕。”

上官桀顿时瘫在地上，他怎么也想不到，这个天天在宫里斗蛐蛐、放风筝的小皇帝，早把所有人的底细摸透了。

事后，霍光来请罪，小皇帝却塞给他一把糖：“霍将军吃糖吗？这是用你上月裁军省下的军费买的。”霍光冷汗直流，原来裁军省下的每一文钱，小皇帝都派人盯着去处呢！

※ 借古励心志

汉昭帝初掌朝政时年纪尚幼，看似在辨忠奸上“糊涂”，实则有其考量，而这与实现国家发展和达成理想紧密相连。当时朝堂局势复杂，各方势力角逐。汉昭帝若贸然站队，可能引发激烈冲突，破坏朝局稳定。他看似“糊涂”地平衡各方，实则是在营造相对安稳的环境，为发展创造条件。稳定的环境利于经济恢复、民生改善，使百姓安居乐业，国家财政收入增加。如此，既推动国家发展，也达成统治阶层让国家繁荣、自身权力稳固的理想。

“痴叔”王湛剑藏锋芒，一鸣惊人

◎ 温古知稻粱

魏晋之际，恰是名士风流尽显、才情争相辉映的时代。彼时，太原王氏家族中藏着一位特立独行之士——王湛。在家族的庞大谱系里，他仿若一颗蒙尘的明珠，声名不显，甚至被众人当作痴愚之辈。

王湛的侄子王济，年少时便已声名远扬，才华出众且性情豪迈洒脱，是家族中备受瞩目的焦点。然而，在王济的视角里，叔叔王湛却是个木讷少言之人，浑身上下寻不见半点引人注目的特质。正因如此，王济对王湛心存轻视之意。每逢家族聚会或是各类活动场合，王济总是刻意与王湛保持距离，鲜少与他交谈，只觉和这位叔叔实在难以找到契合的话题。

有一天，王济偶然来到王湛的住处。他原本只是随意走动，却意外地发现王湛的房中藏有《周易》。在那个时代，《周易》是一部蕴含着高深哲理的经典之作，能深入研读之人必定学识不凡。王济心中一动，便与王湛就《周易》展开了深入的交谈。

这一谈让王济大为震惊。王湛对《周易》的理解深刻而独到，他旁征博引，从卦象到义理，从历史典故到当下世情，剖析得丝丝入扣。王济发现，自己平日里所接触的那些所谓的饱学之士，与眼前这位平日里被自己轻视的叔叔相比，简直是小巫见大巫。王湛的学识渊博程度，完全堪比当世的大家。

王济惊讶之余，不禁对自己之前的态度感到惭愧。而王湛却只是淡然一笑，说道："世人不见吾痴，焉知吾智？"

那个时代，他们家族内部竞争激烈，各方势力相互倾轧的环境中，过早地展露才华只会招来嫉妒和纷争。所以，他选择以一种看似痴愚的表象来保护自己，将自己的智慧和才华隐藏起来。

后来，机会终于来临。王湛凭借着自己深厚的学识和卓越的才能，官至汝南内史，治理地方事务井井有条。他之前的隐忍并没有让他的才华被埋没，反而如同宝剑出鞘，更加耀眼夺目。

他以"痴愚"为盾，巧妙地避开了家族内部和外界的纷争。在那些被人轻视的岁月里，他没有急于证明自己，而是默默积累知识，沉淀智慧。

※ 借古励心志

韬光养晦，实乃处世之智。职场如局，人际关系盘根错节，利益纠葛纷繁复杂。若过早显山露水、锋芒毕现，易遭他人忌惮排挤。故而，在机遇未至时，当敛藏锋芒、低调蛰伏，持续精进自我。待时机成熟，方能一展实力，实现自身价值。圆满达成个人抱负，收获功名利禄。

刘睦示弱藏锋，谨守愚名

◎ 温古知稻粱

东汉时期，宗室众多，权力架构错综复杂，恰似一座规模宏大、结构繁杂的迷宫。迷宫中的每一条通道都暗藏危机，权力漩涡在深处悄然涌动。猜忌如同迷宫里挥之不去的阴霾，将每一位宗室成员都笼罩其中。

在这充满变数与危险的环境中，北海敬王刘睦身为光武帝刘秀的侄子，心里十分清楚，自己所处的境地十分微妙且危险。

刘睦自幼便展现出非凡的聪慧，有着治理一方、让百姓过上好日子的远大理想和卓越才能。北海这片土地，在他的精心治理下，宛如一颗逐渐焕发生机的明珠。学府里书声琅琅，学风弥漫在北海的每一个角落。粮食产量稳步提升。百姓们的粮仓逐渐充实起来，脸上洋溢着丰收的喜悦。整个北海地区呈现出一片繁荣昌盛、安居乐业的景象。

刘睦与其他宗室成员也有着一些交往。在宗室的聚会中，他总是低调而谦逊。

有一次，一位宗室成员刘显，生性豪爽，喜欢炫耀自己在封地的治理成果，他大谈特谈自己如何大兴土木建造华丽的宫殿，如何扩充自己的卫队以彰显威严。

刘睦听着，心中暗自担忧。他知道这种张扬的行为很容易引起皇帝的猜忌。在聚会的间隙，刘睦私下找到刘显，轻声劝说道：“显兄，你的功绩固然值得欣喜，但如今的局势下，我们宗室之人还是低调些为好。过于炫耀自己的成果，恐怕会引来不必要的麻烦。”

刘显却不以为然，他拍着刘睦的肩膀说："睦弟，你太过谨慎了。我们身为宗室，本就尊贵，做些事情让大家知晓又何妨？"

刘睦无奈地摇摇头，他知道刘显并没有理解自己的苦心。

还有一位宗室成员刘勋，他对权力有着强烈的渴望，经常在京城结交朝中大臣，试图扩大自己的影响力。刘睦与他也有过交往，刘勋曾试图拉拢刘睦一起参与他的一些活动。刘睦婉拒道："勋兄，我在北海只愿一心治理百姓，对于京城的权力之事，我实在无心参与。"

刘勋有些不屑地说："睦弟，你这样只会错失良机，在这乱世之中，若不积极争取权力，如何能保得住自己的地位呢？"

刘睦只是微笑着回应："勋兄的好意我心领了，但我有自己的处世之道。"

刘睦时刻保持着一种高度的警惕，就像一只在草丛中潜伏的野兔，时刻警惕着周围的动静。每当有使者要进京朝贺的时候，刘睦都会把使者叫到跟前，严肃而又诚恳地叮嘱使者："若皇帝问起我的作为，你只说我在读书养病，不问政事。"

使者听闻此言，往往满脸疑惑。在使者看来，刘睦王如此勤政爱民，这些都是值得向皇帝夸赞的好事啊。北海在他的治理下，百姓富足，社会和谐，教育兴盛，农业繁荣，这是多么了不起的成就。

刘睦见状，耐心地解释道："你有所不知，如今的局势，宗室之人极易遭到猜忌。在这个权力斗争的大棋局里，每一个宗室成员都像是棋盘上的棋子，看似有着尊贵的身份，实则随时可能被权力的大手挪动或者舍弃。我若让皇帝知晓我在北海勤政爱民，积极治理地方事务，恐怕会被疑有野心。皇帝身处权力的巅峰，对任何可能威胁到他统治的因素都会格外敏感。我展现出的治理才能和积极作为，在别人眼中或许是功绩，但在皇帝眼中，却可能被解读为我在积攒势力，企图染指更高的权力。锋芒太露只会给自己招来灾祸。"

使者这才恍然大悟，明白了刘睦的良苦用心。于是，在京城的朝堂之上，面对皇帝的询问，使者按照刘睦的叮嘱回答。皇帝听闻刘睦只是读书养病，对他也就少了几分猜忌。

刘睦就这样，始终以一种“平庸”的形象示人。他以“无为”之态巧妙地避开权力斗争的锋芒。他默默地在北海做着那些对百姓有益的事情，但却从不对外张扬。他不像那些急于表现自己、渴望在权力舞台上崭露头角的宗室成员，而是选择了一条低调而稳健的道路。他的这种低调处世的智慧，使得他在复杂的政治环境中得以善终，为自己的一生画上了一个圆满的句号。

※ 借古励心志

在充满利益纠葛与权力倾轧的环境中，若装愚守拙能成为快速达成目标的捷径，我们何妨主动藏锋敛锷？对外，以“无为”之态示人，让旁人放松警惕；对内，秉持认真专一之势潜心修己，提升实力。如此，既能避开权力斗争的锋芒，减少不必要的损耗，又能为日后的厚积薄发积蓄力量。

司马懿装病骗曹爽

◎ 温古知稻粱

三国时期局势动荡，英雄众多且权谋争斗不断，司马懿是很有传奇色彩的人物。他虽身处曹魏政权权力核心边缘，却能在复杂政治局势和强劲对手面前，展现出独特的生存智慧。当时，曹爽作为曹魏宗室权臣，势力极大，在朝堂上权势滔天。他忌惮老谋深算的司马懿，总想打压他、排挤他出权力中心。司马懿清楚曹爽的想法，也明白若正面抗衡，自己必遭大祸，便决定装病应对。

司马懿开始装病后，对外表现出一副病入膏肓、行将就木的样子。他整日躺在病榻之上，面容憔悴，眼神呆滞，仿佛生命之火即将熄灭。他的家人也配合着他的表演，对外宣称司马懿病情严重，已经无法处理任何事务。曹爽听闻这个消息后，心中虽然仍有疑虑，但还是逐渐放松了对司马懿的警惕。

有一次，曹爽的心腹李胜即将前往荆州任职，曹爽特意让他前去司马懿府上探听虚实。李胜来到司马懿的卧室，只见司马懿颤颤巍巍地躺在床上，两个婢女在旁侍奉。他想要起身迎接，却似乎连坐起来的力气都没有，费了好大的劲才勉强靠在床头。李胜见状，说道："听闻太傅旧病复发，没想到如此严重，我即将前往荆州任职，特来拜会太傅。"

司马懿听后，故意装作耳聋，大声问道："你要去并州任职啊？那里可是苦寒之地，你要多加小心啊。"

李胜赶忙凑近大声说："是荆州，不是并州。"

司马懿这才装作恍然大悟的样子，说道："哦，原来是荆州，那可是个好地方啊。"

接着，司马懿又开始假装手抖得厉害，婢女端来一碗粥喂他，他却连勺子都握不住，粥洒得满床都是。李胜看到这一幕，心中确信司马懿已经病得不成样子了。他回去后，将所见所闻详细地告诉了曹爽，曹爽听后大喜，认为司马懿已经不足为惧，从此对他更加放松了警惕。

然而，司马懿的这一切都是伪装。他在暗中一直在关注着朝堂的局势，悄悄地联络自己的势力，等待着最佳的反击时机。

终于，在曹爽带着皇帝曹芳离开洛阳去高平陵祭祀的时候，司马懿抓住了这个千载难逢的机会。他迅速发动政变，率领自己早已准备好的军队控制了洛阳城，关闭城门，占据武库，并上奏郭太后请求废黜曹爽兄弟。

最终，曹爽及其党羽被诛灭三族，司马懿成功地掌握了曹魏的军政大权。

司马懿装病这一计策，看似是一种糊涂、示弱的表现，但实际上却是一种大智若愚的生存智慧。他深知在敌强我弱的情况下，正面冲突只会导致失败，所以选择了隐藏自己的实力和野心，麻痹敌人。

※ 借古励心志

司马懿装病骗曹爽，尽显个人生存智慧。在曹爽权势滔天时，司马懿心怀忌惮，深知硬碰硬难有胜算，便以装病麻痹对方，躲过杀身之祸。这为他日后实现理想奠定了基础。在蛰伏期间，他暗中积蓄力量，待时机成熟，一举夺权，掌控朝政，位极人臣，不仅实现了个人权力的巅峰，也达成了自己功成名就。这昭示着，真正的人生大智慧，在于懂得在复杂局势中审时度势，不盲目硬拼，而是以智慧为刃，巧妙破局，达成目标，于风浪中稳立潮头。

吕端大事不糊涂

◎ 温古知稻粱

宋太宗在位时，吕端官至宰相，在众人眼里形象很是特别。他为人宽厚，这种宽厚体现在日常处事上，从不为鸡毛蒜皮的小事与人争执，对琐碎礼节、微小得失，全然不放在心上。

他性格随和，随和到让周围人觉得他有些糊涂。在朝堂讨论时，他不像其他官员急着表态，有时别人说些冒犯的话，他也只是笑笑，不少人便觉得他不够精明敏锐。可实际上，吕端有着非凡的政治智慧。

当时的宋朝正处于一个关键的历史时期，宋太宗的身体状况逐渐走向衰弱。随着太宗健康状况的每况愈下，皇位的继承问题犹如一颗投入平静湖面的巨石，在朝廷中掀起了层层波澜，成为所有人关注的焦点。太宗一开始立长子元佐为太子，这一决定遵循了传统的立嗣规则，在当时被视为理所当然。然而，元佐却因为一些复杂的事件而被废为庶人。这些事件并非简单的偶然，其中涉及宫廷内部的权力争斗、人际关系的纠葛以及元佐自身的一些行为和决策。元佐被废之后，朝廷内部的局势变得更加微妙和紧张起来。

之后，太宗有意立元侃为太子，而元侃就是后来的宋真宗。在这一皇位交替的过程中，宫廷内部就像是一个隐藏着无数秘密和危险的迷宫。一些心怀不轨的人，他们或是觊觎皇位背后的巨大权力，或是为了自己的政治集团利益，妄图在这皇位交替的混乱之际，趁机谋取私利。这些人如同隐藏在黑暗中的影子，悄悄地在宫廷的各个角落活动，他们的阴谋和算计如同无形的丝线，试图编织出一个有利于自己的局面。

吕端深知皇位继承之事关系到国家的根本稳定和长远未来。他就像一个警觉的守护者，密切关注着局势的每一个微小变化。他凭借着多年在官场中积累的丰富政治经验，对宫廷内外的各种势力和潜在的危险有着深刻的洞察。

当太宗驾崩这一沉重的消息传来时，宫廷内部的局势瞬间变得紧张起来。李皇后意图扶持元佐登基，她秘不发丧，这一行为如同在平静的宫廷湖面下悄然涌起的一股暗流。她与宦官王继恩等人暗中谋划，他们的计划如同一个精心编织的网，试图将皇位的继承导向他们所期望的方向。吕端前去宫中询问太宗的病情，却被阻挡在外，这一阻挡行为更加深了他心中的疑虑。他凭借着敏锐的政治直觉，意识到事情已经偏离了正常的轨道，一场关乎国家命运的危机正在悄然降临。

吕端没有丝毫的犹豫和退缩，他果断地在笏板上写了“大渐”（皇帝病危）二字，派人送给在王府的元侃，提醒他要做好应对这复杂局势的准备。这一行为显示出吕端在紧急时刻的冷静和果断决策能力。然后，吕端强行入宫，他以坚定的态度冲破了重重阻碍。见到李皇后之后，李皇后对吕端说：“皇帝已经驾崩，立嗣以长才顺理成章，现在该怎么办呢？”

吕端义正词严地反驳道：“先帝立太子，正是为了今日，先帝刚刚去世，怎能违背他的遗愿而另有他议呢？”他的话语坚定有力，彰显出他对先帝遗愿的尊重以及对正确立嗣原则的坚守。

在举行登基大典这一庄重而关键的时刻，按照惯例，新皇帝坐在帘子后面接受朝拜。吕端站在殿下，却不肯下拜。他请求把帘子卷起来，亲自查看新皇帝是否真的是元侃。这一行为并非无端的谨慎，而是吕端深知在这一关乎国家命运的重要时刻，任何一点疏忽都可能导致不可挽回的后果。在确认无误后，他才率领群臣下拜，山呼万岁。

吕端在这一系列关乎皇位传承的大事上，始终保持着清醒的头脑，没有丝毫的犹豫和含糊。他不顾个人安危，坚决维护先帝的遗愿和国家的稳定。他看似平常的外表下，隐藏着一颗对大事有着精准判断和果断决策的心。他的这种智慧不仅仅体现在他能够看透宫廷内部的阴谋诡计，更在于他在面对复杂局势时能够坚定地站出来，做出正确的抉择。

※ 借古励心志

吕端“大事不糊涂”，充分彰显其个人生存智慧。在日常琐事上，他不过分计较、不露锋芒，避免因小失大、树敌过多，从而在复杂的局势中保全自身。而在关键大事上，却又能精准判断、果断决策，这为他铺就了平坦的仕途，助其实现理想。就当今而言，无论是在企业管理还是在社会事务中，我们常遇重大抉择与复杂局面。小事上，不妨随和包容，不斤斤计较。然触及原则性的大事时，务必保持清醒，坚守底线，果断拿主意。如此，方能不偏离方向，切实维护自身利益，在纷繁中稳立根基。

萧规曹随，曹参一点不昏庸

◎ 温古知稻粱

西汉刚建立那会儿，天下才安定下来，老百姓都盼着能好好休养生息。就在这时候，萧何和曹参先后当上了汉朝的相国，他俩之间还留下了一段“萧规曹随”的佳话。

萧何是汉朝的开国功臣，刘邦建了汉朝后，他就用心制定了一堆政策法规，政治、经济、法律各方面都涉及了，就想着能让社会稳定，经济发展。像推行轻徭薄赋，鼓励百姓开荒种地，还修订了律法，好适应新形势。在他的治理下，汉朝慢慢恢复元气了。

后来，萧何去世，曹参接替他成为相国。曹参上任后，并没有像许多新官上任那样急于推出自己的新政，大展拳脚。相反，他几乎完全沿用了萧何制定的政策法规。

曹参的这一做法，在当时让很多人感到不解，甚至有人认为他是一个没有主见、昏庸无能的人。

然而，曹参有着自己深刻的考量。萧何制定的政策经过实践的检验，已经在稳定社会、发展经济方面初见成效。如果此时贸然更改，必然会引起社会的动荡。

曹参每天做的事情，看起来似乎很简单。他从各郡县和诸侯国中挑选那些质朴而不善言辞的厚道人，任命为丞相的属官。对于那些言语文字苛求细枝末节，想一味追求声誉的官吏，他就斥退撵走他们。

曹参自己则日夜饮酒作乐。他的下属看到这种情况，很是担忧，前来劝谏。曹参却拉着他们一起喝酒，不让他们有机会开口。

后来，汉惠帝也对曹参的做法表示疑惑，他找来曹参询问。曹参问惠帝："陛下觉得自己和高皇帝（刘邦）相比，谁更圣明呢？"

惠帝回答："我怎么敢跟先帝比呢？"

曹参又问："那陛下看我和萧何相比，谁更贤能呢？"

惠帝说："好像你不如萧何。"

曹参接着说："陛下说得对。高皇帝和萧何平定了天下，法令已经明确，如今陛下垂衣拱手，我等谨守各自的职责，遵循原有的法度而不随意更改，不就行了吗？"惠帝听后，恍然大悟。

在曹参担任相国的三年间，他以"无为而治"的方式，让汉朝的社

会经济得以继续稳步发展。百姓们安居乐业，人口逐渐增多，国家的实力也在不断增强。曹参看似无所作为，实则以一种大智若愚的方式，维护了社会的稳定和发展。

※ 借古励心志

萧规曹随中，曹参看似“无为”，实则极具个人生存智慧。他深知时局，不盲目变革，沿袭旧制稳住朝局，避免树敌。这让他在复杂的局面中安稳立足，收获功名。现代社会，“萧规曹随”颇具启示。于企业管理或团队建设而言，若前任领导者已制定有效方案或制度，新领导者不必为标新立异而盲目推翻。在无充分把握证明新方案更优时，遵循原有成功经验，能规避不必要的风险与混乱，维持稳定发展。这并非守旧，而是基于现实考量，是一种沉稳且明智的处世智慧。

阮籍装糊涂，以酒保其身

◎ 温古知稻粱

魏晋时期，政治局势极为动荡，政权更迭频繁，整体政治环境呈现出险恶、黑暗的特征。阮籍便生活在这样的时代背景下。他具备出众的才华，文学素养极高，对哲学思想也有着深入的理解和见解。然而，当时的司马氏集团掌控朝政，为了巩固自身统治地位，对士大夫阶层展开严密监视与控制，对于那些持有不同政治观点或可能对其统治构成威胁的人，常常采用不择手段的方式进行打压。

阮籍深知这种政治环境的危险。他内心对司马氏集团的专权和虚伪的礼教有着深深的不满，可是他又无力正面抗争。于是，他选择了一种独特的保身之道——以酒为掩护，装糊涂。

阮籍常常纵情饮酒，他饮酒的程度近乎癫狂。他时常驾着马车，漫无目的地游荡，直到马车行至无路可走之处，便放声痛哭。这种看似荒诞的行为，其实是他对现实的一种无声抗议。

在司马氏集团举办的各种宴会和社交场合中，阮籍总是以醉酒的状态出现。例如，司马昭曾想为儿子司马炎向阮籍的女儿求婚，这本是一件极为严肃的政治联姻。阮籍得知后，并不想卷入司马氏家族的政治漩涡，但又不能直接拒绝，于是他选择了连续大醉六十日。司马昭多次派人前去说亲，都因为阮籍处于醉酒状态而无法与他谈及此事，最终只能作罢。

还有一次，阮籍听说步兵校尉的兵营里有一个善于酿酒的人，他酿造的酒味道醇厚。阮籍对美酒的喜爱让他毫不犹豫地请求担任步兵校尉一职，仅仅是为了能够常常喝到那里的美酒。他这种看似只追求酒而不顾仕途发展的行为，在旁人眼中是糊涂之举，但实际上却是他远离政治斗争中心的一种手段。

在当时的政治环境下，很多士大夫因为言语不慎或者卷入政治派别斗争而惨遭迫害。嵇康，阮籍的好友，就因为他刚直不阿的性格，对司马氏集团的公然反对，最终被杀害。而阮籍却凭借着他的“糊涂”，一次次躲过了危险。

他在饮酒作乐的表象下，小心翼翼地守护着自己内心的那份坚持。他虽然没有像嵇康那样以壮烈的方式表达对司马氏集团的不满，但他以自己独特的方式，在黑暗的政治环境中生存了下来。

※ 借古励心志

阮籍以酒保身、看似糊涂的生存智慧，于现代社会颇具启示。职场竞争激烈，社会关系复杂，我们压力挑战不断。此时，不必凡事较真、争个对错，锋芒太盛易惹麻烦。适当妥协迂回，对无关原则之事以“糊涂”态度处之，并非怯懦，而是明智。如此，方能在复杂环境中护己周全，稳步向前。

第十一章
圆融一点，戒骄躁，狂妄自大害处多

曹操骄矜失西川，骄兵必败的历史镜鉴

◎ 温古知稻粱

东汉末年，天下陷入诸侯割据的混乱局面。曹操荡平北方诸多势力后，势力大盛，兵强马壮，谋士众多。这时，他将目光瞄向了西南的西川。

曹操亲率大军气势汹汹地奔赴汉中，打算以此为据点，进而夺取西川。大军刚抵汉中，曹操立于营帐前，望着麾下千军万马，心中满是自信。他忆起自己纵横北方，击败袁绍、袁术、吕布等豪强，觉得这小小西川，不过尔尔。

然而，没过几天，由于曹操出发前没有仔细研究西川的地形地貌，这里山川险阻、道路崎岖，与北方大不相同，所以，士兵们开始出现水土不服的现象，生病的士卒逐渐增多。而且，粮草运输极为困难，绵延的山路使得粮草转运的队伍行进缓慢，损耗巨大。但曹操却不以为意，他觉得这些不过是暂时的小问题，凭借自己军队的实力完全可以克服。

刘备此时已入西川，他深知曹操的厉害，于是和诸葛亮商议应对之

策。他们决定利用西川的地势，采取坚守不出的战术。为此，刘备的军队在险要之处布下层层防线，严阵以待。

曹操见刘备坚守不出，心中甚是恼怒。他派出大将夏侯渊前去挑战，可刘备的军队就是不应战。夏侯渊在阵前叫骂了数日，除了消耗自己的精力，毫无所得。曹操见状，决定亲自率军进攻。由于西川的地势复杂，曹军的大规模进攻在狭窄的山道和险要的关隘前受阻。刘备的军队居高临下，利用滚木礌石给予曹军沉重打击。

曹操的谋士们看出了局势的不妙，纷纷进谏。其中，杨修更是洞察先机，他从曹操的"鸡肋"口令中看出曹操内心的矛盾。曹操此时进退两难，进攻难以突破刘备的防线，退兵又觉得有损自己的威名。但他的骄傲使他不愿意承认自己的战略失误，他仍然幻想着能够一举攻克西川。

曹军内部，由于长时间的僵持，士兵们的士气日益低落。他们远离家乡，面临着疾病、饥饿和战争的威胁。而曹操却没有采取有效的措施来鼓舞士气，他只是不断地催促士兵进攻。

与此同时，刘备一方却在积极谋划。诸葛亮巧妙地利用曹操军队的弱点，不断派出小股部队骚扰曹军的后方，截断他们的粮草供应。曹操的大军陷入了困境，战斗力不断下降。

随着时间的推移，曹操的骄傲逐渐被现实的困境消磨，但他已经错过了最佳的战机。最终，曹操不得不面对失败的结局，率领残军撤回北方，只能眼睁睁地看着西川依旧牢牢掌握在刘备手中。

※ 借古励心志

于商业竞争与个人发展而言，骄傲自满是致命陷阱。企业若因一时成绩轻视对手，不洞察市场与竞对策略，便如曹操失西川，错失发展良机。个人成长中，一旦骄傲，便会止步学习，终被他人超越。谦逊是前行的法宝，我们应时刻保持，不断审视自身不足，唯有如此，方能在人生与商海的征途上，实现长远稳健发展。

杨修恃才狂放，聪明反被聪明误

◎ 温古知稻粱

三国时期，英雄与智者云集，杨修凭借出众才华声名远扬。他出身名门，自幼聪慧机敏、才思泉涌。然而，他恃才狂放，最终为自己招来杀身之祸。

杨修在曹操帐下任职，曹操乃一代枭雄，智谋过人。杨修初入曹营，便以才华获曹操赏识。他总能迅速揣摩曹操心意，在诸多事务处理中，展现出过人的洞察力。

有一次，曹操命人建造一座花园。花园建成后，曹操前来视察，他看了看园子，什么话也没说，只在门上写了一个“活”字便转身离去。

工匠们都不知所措，杨修见状，立刻明白曹操的意思，他解释说：“门内添‘活’字，乃‘阔’字也。丞相嫌园门太阔了。”

工匠们按照杨修的解读修改了园门，曹操再次视察时，对工匠们能领会自己的意图感到满意，当得知是杨修的解读后，心中对杨修的聪明有了几分忌惮。

又有一次，塞北送来一盒酥糖。曹操在盒上写了“一合酥”三个字后便放在案头。杨修看到后，竟自作主张地与众人分食了酥糖。众人惊恐，杨修却不以为然地说：“丞相写的是‘一人一口酥’，我们岂有不分食之理？”曹操得知后，表面上虽未发作，但心中对杨修的肆意妄为已生不满。

后来一次，曹操在与刘备争夺汉中之时。战事陷入胶着，曹操久攻不下，心中烦闷。一日，杨修得知军中的口令为“鸡肋”，他听到这个口令后，便开始收拾行装准备返程。众人疑惑，杨修解释道：“鸡肋者，食之无肉，弃之有味。丞相这是打算退兵了。”

他的这一解读在军中迅速传开，士兵们也开始为退兵做准备。曹操得知后，大为震怒。在曹操看来，杨修此举严重扰乱了军心，而且他如此轻易地洞悉自己的心思，让曹操觉得自己在杨修面前毫无隐私可言，仿佛被杨修玩弄于股掌之间。

曹操本就是一个多疑且对权力有着极强掌控欲的人，杨修的恃才狂放、肆意揣摩他的心意，已经触及了他的底线。于是，曹操以扰乱军心的罪名，将杨修斩首示众。杨修就这样，因为自己的才华却不懂得收敛，最终断送了自己的性命。

※ 借古励心志

杨修恃才傲物、狂放不羁，常卖弄小聪明，不懂藏拙，终引来杀身之祸。本可大展宏图的人生戛然而止，人生抱负也随之破碎。现代社会不乏“杨修式”人物。部分人在工作或学习上小有才能，却极度自负，急于显摆。团队作业时，全然不顾氛围与领导权威，肆意炫耀能力。此举不仅招人反感，更可能如杨修般自招祸端。才华是立足社会的资本，但谦逊、懂得藏锋同样关键。唯有二者兼具，方能在复杂社会站稳脚跟，行稳致远。

白起骄纵不羁，违逆秦王终赐死

◎ 温古知稻粱

战国时期，白起乃秦国赫赫有名的将领。长平之战大捷后，秦国朝堂气氛微妙。秦王端坐王座，心中反复思量继续攻打赵国的得失。而白起，这位刚在长平战场立下不世之功的名将，带着自己的见解与主张，昂然立于秦王面前，一场围绕攻赵的君臣对话即将展开。

白起的眼神中透着坚定和自信，他向秦王进言：“大王，如今长平之战我军大胜，赵军元气大伤，邯郸城内人心惶惶，此时正是一举攻下邯郸的绝佳时机。若错过这个机会，赵国定会休养生息，重新召集兵力，再加上其他诸国可能会来援助，日后必成我大秦的心腹大患啊！”他的声音洪亮，每一个字都透着对局势的精准判断。

秦王皱了皱眉头，他知道白起所言不无道理，但是国内的情况让他不得不谨慎。秦王缓缓说道：“将军，朕知道你在军事上的眼光，可是你也看到了，长平之战我大秦虽胜，但也是惨胜。粮草物资消耗巨大，士兵们也疲惫不堪，此时继续攻赵，朕担心国内难以支撑啊。”

白起一听，心中涌起一股不满，他提高了声音说道：“大王，兵家之事，讲究的就是乘胜追击。如今赵军已无还手之力，只要我军一鼓作气，邯郸必破。些许粮草物资的困难，只要调配得当，定能解决。若因这些而放弃这个千载难逢的机会，实在是可惜啊！”他的语气中带着一丝急切，仿佛看到到手的胜利即将溜走。

秦王听了白起的话，心中有些不悦，他觉得白起只考虑军事，没有看到整个国家的大局。他严肃地说：“将军，朕是大秦的君主，朕要考虑的不仅仅是军事上的胜利，还有整个国家的稳定和百姓的生计。范雎丞相也认为此时不宜再战，朕决定与赵国议和。”

白起听到秦王提及范雎，心中更是不满。他觉得范雎一介文臣，不懂军事却在这瞎指挥。他强压着怒火，说道：“大王，此乃天赐良机，机不可失啊。范雎丞相并非军事之人，他的建议恐怕会误了大秦的大事。”他的话一出口，朝堂上一片哗然。

秦王的脸色变得阴沉起来，他没想到白起竟敢如此公然反驳自己，还贬低范雎。他冷冷地说：“白起，你莫要忘了自己的身份。朕才是大秦的君王，你只管带兵打仗便是。”

白起意识到自己失言了，但他心中的执念让他不肯低头。他只是默默地站在那里，不再言语。

后来，秦国在与赵国的战争中节节败退。秦王再次召见白起，希望他能再次挂帅出征，挽救局势。

但是，秦王多次派人去请白起，白起却始终不为所动。他在自己的府邸中，对着前来劝说的使者大发牢骚，言语中充满了对秦王和范雎的不屑。他自恃战功，觉得秦王离不开他，秦国的军队离不开他的指挥，却忽略了秦王作为君主的权威。

白起的这种骄纵不羁的行为彻底激怒了秦王。在秦王看来，白起虽然战功卓著，但他毕竟是臣子，如今竟敢如此违逆自己的旨意，这是对王权的严重挑战。而且，白起在军中的威望极高，如果任由他这样发展下去，恐怕会对自己的统治产生威胁。

于是，秦王下令削去白起的官职，将他贬为普通士卒，并流放至阴密。白起在流放途中，仍然没有意识到自己的错误，他怨愤不已，一路上都在抱怨秦王的不公。他的这种态度进一步加深了秦王对他的厌恶。

最终，秦王在范雎等人的挑拨下，又下达了赐死白起的命令。白起接到命令时，才恍然大悟，但为时已晚。他望着手中的宝剑，回想起自己的一生战功，心中满是悔恨。最终，这位曾经让六国闻风丧胆的名将，饮剑自尽。

※ 借古励心志

白起战功赫赫却骄纵不羁，屡次违逆秦王旨意，终被赐死。曾经辉煌的军事生涯不复存在，人生理想也彻底破灭。在当今职场里，若员工意见与领导相悖，切不可恃才傲物。若无视领导权威，不尊重公司整体决策，矛盾必生，自己还可能面临被“淘汰”的危机。毕竟，职场不是个人秀场，而是团队协作的舞台。只有秉持良好沟通，秉持互相尊重的原则，才能避免无谓冲突，在职场中稳步前行，实现自身价值。

蓝玉炮轰城门，口出妄言下的覆灭

◎ 温古知稻粱

在明朝的历史里，蓝玉的人生就像一颗耀眼却转瞬即逝的流星。他一生战功无数，可最终还是落得被诛杀的下场。

有一回，蓝玉带兵攻打一座城池。那时他已立下诸多战功，内心渐渐自负起来。他带着大军把城池围得严严实实，自己骑着高头大马，身披战甲，眼神满是傲慢。看着坚固的城门，他毫无敬畏，只当是个小阻碍。下达炮轰城门命令时，他嘴角上扬，一脸不屑，显然是对敌人瞧不上眼，又过度自信自己的实力。

随着炮声隆隆响起，城门在炮火的攻击下开始颤抖。蓝玉站在阵前，双手抱胸，大声喊道："此等城门，怎配与我蓝玉相抗！我蓝玉南征北战，所到之处无不披靡，这小小城门，不过是我迈向胜利的一块垫脚石罢了。这天下之大，又有何事是我蓝玉不能为之？"

他的声音高亢而张狂，在整个战场上回荡，士兵们听着他的话，有人露出敬畏之色，有人则暗自担忧。

城门被轰开后，蓝玉率领军队冲入城中。城中百姓们惊恐地四处逃窜，而蓝玉却丝毫没有安抚民众的意思。他骑着马在街道上横冲直撞，对百姓的慌乱视而不见。他的战马践踏着街边的小摊，货物散落一地，他却毫不在意，还放声大笑："这城中之人，见我蓝玉前来，都吓得屁滚尿流，我蓝玉的威名，岂是他们能承受的。"

他在城中的住所也尽显张狂。他要求士兵们为他搜罗城中最好的物资，以供他享受。那些精美的丝绸、珍贵的瓷器被源源不断地送到他的住处，他随意地挑选，还对着下属们说：“本将军为朝廷立下汗马功劳，这些不过是我应得的。这天下的财富，只要我蓝玉想要，就没有得不到的。”

回到京城后，蓝玉更是变本加厉。在朝堂之上，他总是以功臣自居，对其他官员不屑一顾。他走路时大摇大摆，目中无人。当与其他官员发生争执时，他总是大声呵斥：“你们这些碌碌之辈，哪有资格与我蓝玉说话。我在边疆浴血奋战时，你们还在京城享清福呢。”

他的家中，常常宾客盈门，但这些宾客大多是趋炎附势之徒，而蓝玉却乐在其中，认为自己的威望足以吸引众人前来依附。

此后，他公然违背朝廷的规定，私自扩充自己的势力。他收养了许多门客，这些门客在京城中为所欲为，仗着蓝玉的权势，欺压百姓，强占民田。蓝玉对此不仅不加以制止，反而暗自得意，觉得自己的势力如同滚雪球一般越来越大，就连朝廷也不敢轻易对他怎样。

朱元璋本就是一个控制欲非常强的人，蓝玉的这些行为无疑是在挑战他的权威。为此，朱元璋开始对蓝玉产生不满和猜忌，而蓝玉却沉浸在自己的自负与张狂中，完全没有察觉到危险的临近。

终于，朱元璋以谋反的罪名对蓝玉下手。曾经不可一世的蓝玉在监狱中，才开始意识到自己的张狂给自己带来了灭顶之灾，但为时已晚。他被诛，牵连的一万五千余人也一同被卷入这场政治风暴之中，蓝玉的家族就此覆灭。

※ 借古励心志

蓝玉骄横跋扈，竟炮轰自家城门，还口出狂言，引得朱元璋震怒，最终落得覆灭下场，一生功名与抱负皆成泡影。在当今职场与社会生活中，人一旦取得成就，自负情绪常会悄然滋生。就像企业中某些骨干员工，为公司立下汗马功劳后，便骄傲自满，对公司制度置若罔闻。如此一来，不仅人际关系变差，职业发展也陷入困境。我们需明白，成就并非放纵的资本，而应约束自身行为，如此方能实现长远可持续发展。

晏子御者，改过修身

◎ 温古知稻粱

春秋时的齐国，晏子是齐国相国，凭借智慧贤能闻名诸侯。晏子身边有个御者，专门给他驾车。

这御者起初特别自满。他天天给晏子驾车出门，晏子身份尊贵，出行自然引人注目。御者高高坐在车辕上，挥着鞭子赶马，威风八面地穿梭在齐国街头巷尾。他瞧着路人对晏子恭恭敬敬，又想到自己能离晏子这么近，心里就冒出股优越感，觉得自己虽是车夫，但因侍奉晏子，好像也比别人强。

每次驾车出行，他总是把自己打扮得光鲜亮丽，驾车时故意摆出一副趾高气扬的样子。他的妻子从门缝里看到丈夫的这种神态，心中十分忧虑。

一天，御者结束了一天的工作回到家中，他的妻子却说要离他而去。御者大惊失色，忙问缘由。

他的妻子说道："晏子身高不满六尺，却能为齐国的相国，名闻诸侯。今天我看他外出，态度谦和，毫无骄色，始终想着自己的职责和齐国的百姓。而你呢，身高八尺，只不过是个为人驾车的车夫，却满脸得意之色，仿佛自己有多么了不起。我实在是羞于与这样的你共度一生。"

御者听了妻子的话，犹如被一盆冷水浇醒。他开始深刻地反省自己，意识到自己以前的行为是多么的浅薄和可笑。他终于明白，一个人的价值不在于他与谁接近，而在于自身的品德和修养。

从此以后，御者发生了巨大的改变。他不再注重外表的虚荣，而是开始努力修身。他驾车时不再趾高气扬，而是变得沉稳内敛。他对待他人也充满了谦逊和尊重，并且开始学习文化知识，提升自己的内在素养。

晏子很快察觉到了御者的变化。他好奇地询问御者原因，御者便将妻子的话如实相告。晏子听后，对御者的改变十分赞赏，后来还推荐他做了官。

※ 借古励心志

现代社会，不乏如御者起初那般的人。有人身处大公司，或与名人沾边，便沾沾自喜、自我膨胀。但真正的成功与尊重，源于自身努力与修养。靠外在关系或短暂虚荣，终究难以长久。当我们意识到自身错误，就该积极改正，持续精进内在品质。唯有如此，方能在社会站稳脚跟，赢得他人敬重，实现自我价值。

鳌拜跋扈，权臣的末路

◎ 温古知稻粱

清朝初期，鳌拜在政治舞台上可是个响当当的人物，权倾朝野，行事跋扈。

他出身将门，早年就跟着皇太极四处征战。战场上，他勇猛得很，为清朝的建立和稳固出了大力。后来皇太极去世，皇位争夺激烈，鳌拜坚定地支持顺治帝，成了顺治帝登基的重要助力。靠着这些功劳，鳌拜在朝廷里的地位越来越高，越来越显赫。

后来，年幼的康熙帝即位，鳌拜的权力欲望开始极度膨胀，他的跋扈行径愈发变本加厉，其中圈换土地事件就将他的专横跋扈展现得淋漓尽致。

当时，鳌拜为了满足自己及其党羽的私欲，提出要重新圈换土地。这一举措严重损害了广大百姓以及其他满洲贵族的利益。按照清朝初期的圈地政策，土地已经有了相对稳定的分配格局。但鳌拜全然不顾这些，他仗着自己在朝中的权势，强行推动圈换土地之事。

他首先将矛头指向了正白旗的土地。正白旗在当时也是清朝八旗中的重要力量，旗下有众多的满洲贵族和普通旗人。鳌拜指使自己的党羽，编造各种理由，声称正白旗所占土地肥沃，应该与镶黄旗的土地进行交换。这一决定遭到了正白旗上下的强烈反对。

鳌拜面对反对声音，没有丝毫的收敛，反而变本加厉地进行打压。他在朝堂之上，当着康熙帝的面，对反对圈换土地的官员进行恐吓。如户部尚书苏纳海，坚决反对鳌拜的圈换土地计划。鳌拜便诬陷苏纳海延误朝廷大事，并且假传圣旨，要将苏纳海处死。

当时的康熙皇帝虽然年幼，但已经意识到鳌拜此举的不妥，他试图阻止鳌拜。康熙表示苏纳海等人并无大错，不应处以死刑。可是鳌拜根本不把康熙的话放在眼里，他在朝堂上公然与康熙争辩，还大声说道："陛下年幼，此事关乎朝廷根基，陛下不必多问，臣等自会处理妥当。"说完，便拂袖而去。

最终，鳌拜不顾康熙的反对，还是将苏纳海、直隶总督朱昌祚、巡抚王登联三人处死。这一事件让朝中上下人人自危，也让康熙深刻认识到鳌拜的跋扈已经到了无法容忍的地步。

鳌拜的专横跋扈终于让康熙下定决心要除掉他。康熙虽然年幼，但却有着非凡的智慧和勇气。他暗中挑选了一批身强力壮的少年，佯装练习布库（满族的一种角力游戏）。鳌拜看到这些少年，以为康熙只是贪玩，并未在意。

终于，在一个合适的时机，康熙下令这些少年将毫无防备的鳌拜擒住。鳌拜虽然力大无比，但面对突然的变故，也难以抵抗。就这样，曾经不可一世的鳌拜被康熙制服。康熙列出鳌拜三十大罪，本应将其处死，但念及他以往的功劳，最终将鳌拜终身监禁。鳌拜的党羽也受到了不同程度的惩处。

※ 借古励心志

职场或团队里，有人仗着资历或过往成绩，便目空一切、独断专行。此举犹如毒瘤，会侵蚀团队和谐氛围，让团队发展举步维艰。须知，往昔功劳绝非跋扈资本。团队如舟，众人划桨方能远航。只有心怀对他人的尊重，严格遵守规则，才能凝聚众人之力，实现团队与个人的共赢，驶向成功的彼岸。

王莽篡汉建新：逆势而为，终遭败亡

◎ 温古知稻粱

西汉末年，汉室式微，社会恰似一叶在狂风巨浪中即将倾覆的巨舟。

王莽出身外戚豪门，自幼便深谙在众人面前树立完美形象之道。他恭俭、博学、孝顺，这些特质犹如精心打造的面具。彼时贵族子弟多纨绔，他的言行举止虽与众人不同，却精准地赢得众人赞誉。他常拿出家中财物接济穷人，在家族中对长辈恭敬守礼，名声由此在西汉朝野迅速传开。

随着时间的推移，王莽凭借家族的势力以及自身苦心经营的良好声誉，逐渐在西汉的权力中心站稳了脚跟。他的野心也在权力的滋养下开始萌芽，篡汉的阴谋在暗中悄然酝酿。为了给自己的篡位寻找合法性，他精心策划了一系列制造祥瑞的闹剧。

其中有一次，他命人在一处偏远的地方埋下一块事先刻好字的石头。这可不是一块普通的石头，上面刻着“告安汉公莽为皇帝”的字样。

随后，他又暗中指使一些人装作偶然发现这块石头的样子，然后将这个消息散播出去。这个消息就像一颗投入平静湖面的巨石，在民间和朝堂引起了轩然大波。那些迷信的百姓开始议论纷纷，觉得这是上天的旨意；而朝堂之上，一些趋炎附势之徒也开始附和王莽，声称这是上天降下的祥瑞，预示着王莽将成为新的天子。

王莽见此计得逞，便更加得寸进尺。他在朝中不断培植自己的势力，对于那些忠于汉室的大臣，他则视为眼中钉、肉中刺，欲除之而后快。他以莫须有的罪名，逐步将那些反对他的大臣罢黜或者迫害。例如，有一位老臣在朝堂上公然反对王莽的专权行为，王莽便诬陷他贪污受贿，将他全家流放边疆。就这样，朝堂之上的反对声音越来越小，王莽的亲信逐渐占据了各个重要职位。

在公元 8 年，王莽觉得时机已经成熟，正式篡夺汉朝皇位，建立新朝。他自认为可以凭借自己的理想和改革措施来挽救这个摇摇欲坠的社会，却不知他的所作所为已经违背了历史发展的潮流。

王莽建立新朝后，推行了一系列看似美好的改革措施，然而这些措施却像是脱离实际的空中楼阁。他推行的“王田制”，试图将土地收归国有，重新分配，以解决土地兼并这个积重难返的问题。这一政策在纸面上看起来是为了广大农民的利益着想，可在实际执行过程中却困难重重。大地主、大官僚们视土地为命根子，他们联合起来抵制“王田制”，在地方上，官员们要么阳奉阴违，要么直接拒绝执行。那些失去土地的农民并没有按照王莽的设想重新获得土地，反而因为政策的混乱，陷入了更加贫困的境地。

同时，王莽频繁地更换货币种类，新的货币刚刚发行，还没等百姓熟悉，又有新的货币出现。这使得市场秩序大乱，商人在交易时无所适从。有一位小商人，辛苦积攒了一些钱财，都是旧货币。当他拿着这些货币去进货时，却被告知旧货币已经不能使用，必须兑换成新货币。然而，兑换过程烦琐且损耗巨大，他的财富在这一折腾之下瞬间缩水。普通百姓更是苦不堪言，他们手中本就不多的钱财变得一文不值。

由于这些政策的失败，新朝的社会矛盾迅速激化，各地起义军如雨后春笋般兴起。其中，绿林军、赤眉军的势力最为强大。绿林军最初是由一些不堪忍受新朝统治的农民组成，他们在山林中聚集起来，起初只是为了自保。但随着加入的人越来越多，他们的力量逐渐壮大。他们怀着对王莽政权的仇恨，一路烧杀抢掠，向着新朝的都城进发。

而王莽的军队缺乏训练，士气低落。面对起义军的强大攻势，节节败退。最终，在公元 23 年，绿林军攻入长安，王莽最终被乱军所杀。

※ 借古励心志

王莽篡汉建新，不顾时势强行改制，激化社会矛盾。其逆势之举终致败亡，苦心构建的帝王霸业与奢望的千秋基业皆成虚幻。现代社会，改革务必顺应时代大势与人民需求，绝不能仅凭个人理想与臆想盲目施策。管理者需脚踏实地、真诚待人，以实干与真心赢得认可，而非靠伪装欺骗谋取权力。时代浪潮滚滚向前，人心所向不可违逆。若逆势而行，罔顾实际与大众利益，必将被时代与人民抛弃，改革之路也会以失败告终。

第十二章
智者之隐，进退之间的微妙平衡

范蠡适时隐退，泛舟于江湖的智者

◎ 温古知稻粱

春秋时期，有个出身贫寒的年轻人范蠡。勾践被困吴国那段艰难岁月，他始终相伴左右。勾践归国后，范蠡精心谋划，助越国在经济、军事等多方面迅猛发展，越军也蜕变成虎狼之师。最终，越国成功复仇，击败吴国，称霸东南。

可就在越国霸业初成之际，范蠡敏锐嗅到危机。他深知勾践秉性，明白“飞鸟尽，良弓藏”的道理，遂毅然选择功成身退，远离朝堂纷争。

在决定离开越国之前，范蠡想到了与自己并肩作战多年的文种。他明白文种的才华和对越国的贡献，但也清楚文种在此时面临的危险。他找到文种，一脸严肃地对他说：“文种啊，我们的使命已经完成了。越国如今已称霸，你看越王的眼神里，已经没有了当初的信任和敬重，取而代之的是猜忌和疑虑。”

文种听后，有些不以为然，他说：“我们为越国的复兴付出了那么多，如今越国称霸，正是我们享受荣华富贵的时候，越王怎么会对我们不利呢？”

范蠡看着文种，轻轻叹了口气，说道：“你还不明白吗？越王这个人，只能共患难，不能同富贵。你想想伍子胥，他对吴王夫差忠心耿耿，为吴国的强大立下汗马功劳，可最后呢？还不是被夫差赐死。我们如今的处境和伍子胥何其相似。”

范蠡接着说：“你看越王现在看我们的样子，就像看着随时可能威胁到他地位的敌人。他现在虽然还没有表现出明显的敌意，但那只是因为还没有找到合适的借口。我们现在就像是那良弓和走狗，飞鸟已尽，狡兔已死，我们已经没有了利用价值，留在越国只会招来杀身之祸。”

文种听了范蠡的话，心中开始有些动摇，但还是有些犹豫，说道：“可是，我们就这么离开，这么多年的心血岂不是白费了？”

范蠡拉着文种的手，语重心长地说：“文种，我们的心血已经化为越国的霸业，这已经足够了。如果为了贪恋富贵而失去性命，那一切都将化为乌有。我们现在离开，还能保住性命，还能去寻找新的生活。”

尽管范蠡极力劝说，文种最终还是没有放下对越国的不舍，对富贵的贪恋，以及对勾践还抱有一丝幻想，选择留了下来。

范蠡见文种不听劝告，只能无奈地摇摇头，带着家人驾舟离去。

而文种的结局正如范蠡所料，不久之后，勾践以莫须有的罪名，赐死了文种。

※ 借古励心志

范蠡深谙进退之道，助越称霸后适时隐退，远离朝堂纷争。他泛舟江湖逍遥自在，以智慧安稳成就了富足无忧的梦想。当下社会，不少人成功后，常陷入复杂人际关系与潜在危机交织的困境。此时，需明进退之机。若所处环境已成发展桎梏，或暗藏危机，切莫犹豫不决。当有壮士断腕的勇气，果断抽身离去。毕竟，人生如逆旅，适时转身，才能摆脱困境，于新天地中探寻更广阔的发展空间，续写人生华章。

张良功成身退，明哲保身享太平

◎ 温古知稻粱

张良出身韩国贵族世家。秦末乱世，他结识刘邦后，便倾尽智慧谋略，助力刘邦成就大业。楚汉相争的漫长时光里，张良的智慧仿若明灯，为刘邦指引方向，使其在纷繁局势中稳步前行。

垓下之战后，刘邦建立汉朝，张良作为开国功臣，获封留侯，荣耀加身至极。但他并未迷失于这至高荣耀，始终保持着清醒与淡然。

在建国之后，刘邦的猜忌之心渐起。韩信、彭越等功臣的遭遇，如同警钟在张良心中敲响。韩信战功赫赫，却被刘邦以莫须有的罪名降为淮阴侯，最终被吕后诛杀；彭越也被刘邦以谋反的罪名流放，后被剁成肉酱。这些功臣的悲惨下场，让张良感到了警觉。

于是，张良开始了他功成身退的谋划。减少自己在朝堂上的露面次数。以往，张良总是积极为刘邦出谋划策，朝堂之上总能看到他儒雅的身影，听到他睿智的谏言。但如今，他常常以身体不适为由，拒绝参加朝会。

同时，也逐渐减少与其他大臣的往来。曾经，他与萧何、曹参等大臣关系密切，他们一同为汉朝的建立和稳定出谋划策。彼时，张良闭门谢客，不再与他们频繁交流。他的住所变得冷冷清清，不再有往日的热闹景象。

在生活上，张良开始醉心于黄老之学的研究。他每日沉浸在书籍之中，修身养性，对朝廷之事不闻不问。他仿佛从那个纵横捭阖的谋士，变成了一个清心寡欲的隐士。

有一次，刘邦想要废掉太子刘盈，改立赵王如意。这一事件在朝廷中引起轩然大波。吕后心急如焚，她深知太子之位的重要性，一旦被废，自己的地位也将岌岌可危。于是，吕后前来向张良求救。

张良本已决心远离朝堂纷争，但经不住吕后的苦苦哀求。他思索良久，为吕后出了一计。他建议吕后请出商山四皓来辅佐太子。商山四皓是四位德高望重的隐士，刘邦曾多次邀请他们出山，却都被拒绝。

吕后按照张良的计策，派人带着厚礼去请商山四皓。当刘邦看到太子刘盈身边站着这四位白发苍苍、仙风道骨的老者时，大为惊讶。他深知这四人的威望，看到他们愿意辅佐太子，心中认为太子羽翼已丰，不可轻易废立。于是，刘邦打消了废太子的念头。

这是张良最后一次运用他的谋略干预朝政。此事之后，他彻底远离了权力的中心，回到自己的封地。在封地中，他过着平静的生活，每天的生活简单而惬意，或是在庭院中读书品茶，或是漫步于山水之间，享受着远离朝堂纷争的宁静。

他的这种功成身退的做法，使他成功地在汉初复杂的政治环境中保全了自己，成为历史上智者明哲保身的典范。

※ 借古励心志

张良辅佐刘邦成帝业后，功成不恋权位，果断身退。他明哲保身，远离朝堂漩涡，悠然自得，终享安稳富足的“稻粱之梦”。现代职场，不少人小有成就后，便易深陷权力利益纷争泥沼。在这复杂局势中，我们需时刻保持清醒，如明察秋毫的智者，洞悉周围态势。切莫盲目跟风、过度卷入，以免被纷争吞噬，遭受无谓损失。

汤和交权抽身，免遭屠戮，得保尊荣

◎ 温古知稻粱

元末，天下大乱，烽火连天，百姓流离失所。在这动荡不安的局势下，濠州城宛如风雨飘摇中的孤舟。汤和与朱元璋自幼在这片土地上相伴成长，他们一同在田间劳作，一同在街头巷尾嬉戏，结下了深厚的情谊。

朱元璋投身起义军后，势力如星火燎原般逐步发展壮大。汤和听闻此讯，毫不犹豫地投身其麾下，从此成为朱元璋最坚定的追随者。在鄱阳湖大战中，敌军战船如云，气势汹汹。汤和身先士卒，带领士兵们奋勇拼杀，他的战袍被鲜血染红，却丝毫没有退缩之意。在他的激励下，士兵们士气大振，最终大破敌军。此后，在诸多战役中，汤和都展现出英勇卓绝的军事才能，成为朱元璋身边不可或缺的重臣。

明朝建立后，朱元璋论功行赏，汤和被封为信国公。他身着华丽的朝服，头戴高高的官帽，站在朝堂之上，接受着众人的朝拜，站在了荣耀的巅峰。然而，此时的朝堂看似繁华昌盛，实则暗流涌动。朱元璋皇位稳固后，猜忌之心日益增长，他看着那些曾经与他并肩作战、战功赫赫的将领们，心中渐渐生出了疑虑。那些曾经在战场上叱咤风云的将领，在他眼中逐渐变成了潜在的威胁。

汤和明白朱元璋的性格多疑，对于手握重兵的功臣们不会永远容忍。继续手握兵权，享受权势，无疑是在危险的边缘试探。于是，汤和做出了一个极为明智的抉择——交权。

汤和明白朱元璋对于自己的一举一动都十分关注，所以，他先是表现出一种对功名利禄的淡然态度。在日常的朝堂事务中，他不再积极地争抢功劳，而是有意无意地退居二线，让年轻的将领们有更多表现的机会。

随后，在朱元璋对自己的猜忌逐渐减轻之际，有一次在朝堂之上，他提出告老还乡的请求。

他言辞恳切地说："陛下，臣自起兵以来，承蒙陛下信任，得以征战四方。如今臣年事已高，身体也大不如前，每念及往昔征战之苦，便觉疲惫不堪。臣想回归故乡，在那片熟悉的土地上度过余生，还望陛下恩准。"同时，他明确表示愿意交出手中的兵权，将自己多年来统领的军队完整地交还给朝廷。

朱元璋听到汤和的请求后，心中自然是十分复杂的。一方面，他对汤和的主动交权感到欣慰，这表明了汤和对自己的忠诚和敬畏；另一方面，他将失去一位挚友和得力干将。同时，他担心汤和有其他意图。为此，他派人暗中观察汤的行为，才最终打消了疑虑。

汤和回到故乡后，非常自律和低调，他严格约束家人，告诫他们不可凭借自己的功绩而骄横跋扈。他的家人在他的教导下，也都低调行事，与邻里和谐相处。

在与地方官员的交往中，汤和更是小心翼翼。他从不利用自己曾经的身份和威望去干涉地方事务，也不与地方官员有过多的应酬往来，尽可能地保持低调，让自己融入故乡的平凡生活之中。

有一次，朱元璋对汤和故乡的一些建筑规模和样式有所不满，认为其有僭越之嫌。汤和听闻后，没有丝毫的犹豫和怨言，立即按照朱元璋的要求对建筑进行了改建，再次向朱元璋表明了自己的忠诚和毫无野心。

汤和交权抽身的智慧，让他在朱元璋大肆屠戮功臣的恐怖氛围中得以保全自己，在故乡平静地度过了自己的晚年。

※ 借古励心志

汤和审时度势，主动交权抽身而去，避开朱元璋猜忌，得以免遭屠戮，保住尊荣，安然享受富足无忧的生活。职场如棋局，风云变幻。有时，我们需主动舍弃部分东西。然而，放下并非易事，需以智慧为刃，精准把握技巧与时机。懂得适时放手，如同在汹涌浪潮中找准避风港，既能避开暗礁险滩，保全自身，又可积蓄力量，于复杂职场环境中谋得长久发展，笑看风云变幻。

李泌“四隐四仕”中的进退智慧

◎ 温古知稻粱

李泌自幼颖悟绝伦，经史皆通。唐玄宗时，他凭才学入宫廷，与太子等交游往来，彼时年少轻狂，才思泉涌。

在宫廷中，他积极投身事务，以智慧为诸多决策献上独到见解。然其才华引得权势滔天的杨国忠嫉恨，杨国忠惧他受宠且出众的才华危及自身地位，便在玄宗面前屡进谗言，罗织莫须有罪名构陷他。

面对这种复杂险恶的朝堂环境，李泌深知继续留下来只会陷入无尽的争斗和危险之中。他审时度势，果断地选择了归隐。远离了宫廷的纷争，躲进深山之中，潜心研究学问，修身养性。

安史之乱爆发后，唐朝陷入了巨大的危机之中。唐玄宗逃往蜀中，太子李亨在灵武即位，是为唐肃宗。此时的唐朝急需有才能的人来挽救危局。唐肃宗想起了李泌这个曾经才华横溢的人，于是派人去请李泌出山相助。

李泌应召而来，他深知自己肩负的重任。在辅佐唐肃宗期间，李泌展现出卓越的军事才能和政治智慧。他为唐肃宗分析局势，提出了先取范阳、直捣叛军巢穴的战略。他认为如果直接攻打叛军盘踞的长安和洛阳，即使取胜，叛军也会退回范阳老巢，日后必然再次叛乱。只有先拿下范阳，才能彻底消灭叛军的有生力量。然而，唐肃宗急于收复两京以正其位，没有完全采纳李泌的建议。

尽管如此，李泌还是协助唐肃宗调兵遣将，出谋划策，在平定安史之乱的过程中立下了赫赫战功。随着局势逐渐稳定，李泌又一次面临选择。他看到唐肃宗在取得一定胜利后，开始有了一些帝王的猜忌之心，而且朝堂上的权力斗争也日益复杂，于是再次选择归隐。

唐代宗即位后，唐朝的局势仍然不稳定，内有宦官专权、藩镇割据等问题，外有吐蕃等边疆势力的威胁。唐代宗深知李泌的才能，希望他能再次出山，为朝廷效力。

李泌应召入朝。在朝堂上，他积极为唐代宗出谋划策，试图解决唐朝面临的诸多问题。他提出了一系列的改革措施，如加强中央集权、整顿吏治等。然而，他的这些举措触动了一些权贵的利益。那些权贵们联合起来，在唐代宗面前说李泌的坏话，给他设置各种障碍。

李泌不愿意与这些权贵同流合污，也不想因为无谓的争斗而消耗自己的精力。他明白在这种情况下，自己很难继续有效地推行自己的政策。于是，他第三次选择归隐。

唐德宗时期，唐朝面临着更加严峻的形势，藩镇叛乱频繁，财政困难，社会矛盾激化。唐德宗想起了李泌这个历经多朝、经验丰富且才华出众的人，希望他能出山挽救危局。

李泌再次应召入朝，这一次他官至宰相。他凭借着自己多年的经验和智慧，开始大刀阔斧地进行改革，采取了一系列措施来解决财政问题，如改革税收制度、加强盐铁专卖等；在处理藩镇问题上，他恩威并施，一方面对一些愿意归顺朝廷的藩镇进行安抚，给予一定的自治权，另一方面对那些顽固叛乱的藩镇坚决出兵镇压。

在他的努力下，唐朝的局势得到了一定程度的缓解。然而，李泌也清楚地知道朝堂的复杂和危险。当他觉得自己已经为唐朝尽了最大的努力，并且局势相对稳定之后，他又一次选择了归隐。他的最后一次归隐，为他的一生画上了一个传奇的句号。

他的“四隐四仕”，每一次进退都体现了他对局势的精准判断、对人性的深刻理解以及对自身理想和原则的坚守。

※ 借古励心志

李泌“四隐四仕”之经历，如一部蕴含智慧哲思的史书，为后人留下宝贵经验。他于进退间精准拿捏平衡，在庙堂与江湖间从容游走，既助力唐朝稳定发展，又成功避开朝堂权力倾轧之险。于个人发展之路而言，我们亦当汲取此智慧，于进取中提升自我，于退避里规避阻碍，如此方能行稳致远。

孙武归隐山林，保命保名

◎ 温古知稻粱

孙武出身齐国贵族，自幼痴迷军事，醉心钻研谋略与战争艺术。春秋乱世，诸侯争霸，战火频仍，各国皆渴求良将。

孙武携《孙子兵法》入吴，结识伍子胥。伍子胥深知其才，力荐于吴王阖闾。然阖闾初时心存疑虑。为证自身，孙武展开一场闻名遐迩的军事演练，以实力破除疑虑，开启其传奇军事生涯。

他将宫中的宫女分为两队，让吴王的两位宠姬分别担任队长。在演练过程中，宫女们嬉笑打闹，不听指挥。孙武按照军法，果断地斩杀了两位队长。这一举动震惊了众人，但也让吴王阖闾看到了孙武执法如山、军令必行的军事素养。从此，孙武开始受到吴王阖闾的重用，他在吴国的军事舞台上正式登场。

孙武在吴国的军事生涯中，创造了许多辉煌的战绩。其中最著名的当属柏举之战。

当时，吴国和楚国之间矛盾激化。孙武认为攻打楚国的时机已经成熟，于是与伍子胥共同为阖闾制定了详细的作战计划。吴国军队在孙武的指挥下，以三万之师，千里远袭，深入楚国这个大国境内。

在战争中，孙武充分运用了他在《孙子兵法》中所阐述的军事思想。他善于分析敌我双方的形势，利用楚国军队的弱点进行攻击。例如，他采用了迂回包抄、出其不意的战术，打乱了楚国军队的部署。楚国军队虽然人数众多，但在孙武的巧妙指挥下，吴国军队五战五捷，直捣楚都。这一战役创造了中国军事史上以少胜多的奇迹，使吴国的威名远扬，也奠定了孙武在军事史上的崇高地位。

随着吴国霸业的逐渐稳固，孙武却做出了一个令人意外的决定——归隐山林。这一决定背后，蕴含着他对局势的深刻洞察。

一方面，吴王阖闾在称霸之后，野心开始膨胀，变得穷兵黩武。他不断地发动战争，试图进一步扩大吴国的领土。孙武深知战争的残酷性和破坏性，他看到吴国过度的征战已经让百姓疲惫不堪，国家的发展逐渐偏离了正常的轨道。他所倡导的军事思想是“不战而屈人之兵”为上，而此时的阖闾已经陷入了对战争的狂热追求，这与孙武的军事理念背道而驰。

另一方面，孙武也意识到自己在吴国的军事使命已经基本完成。他已经帮助吴国建立了强大的军事力量，取得了辉煌的战绩。继续留在朝堂之上，他可能会陷入权力斗争的漩涡。在吴国的朝廷中，随着吴国的强大，内部的权力争斗也日益激烈。孙武作为一位战功赫赫的将领，很容易成为权力斗争的牺牲品。

于是，孙武毅然决然地选择了归隐山林。他告别了充满权力纷争和战争硝烟的朝堂，回到大自然的怀抱中，继续钻研军事理论，将自己的智慧结晶进一步完善，为后世留下了宝贵的军事财富。

※ 借古励心志

孙武助吴王成就霸业后，深知功高易危，毅然归隐山林。他远离纷争，既保住性命又留存美名，安享富足闲适的生活。就当今而言，职场拼搏，凭能力小有成就时，需懂见好就收之理。应着眼团队平衡与企业长远，若一味逐利，易招同事嫉恨，破坏团队和谐，更可能令领导心生猜忌。在成功之路上，务必保持清醒，明进退、知取舍。如此，方能在复杂多变的社会环境里，稳扎稳打，实现自我价值，书写职场精彩篇章。